KB271975

한마디로, 조직이라는 체계를 이루는 사랑에 관한 성명서다.

세상의 리더들과 부모들, 나아가 크고 작은 조직에 몸담은 모든 사람들에게 고한다. 리더십은 근본적으로 타인을 위한 것이라는 불변의 진리를.

리더가 평등주의를 따르고, 매일 황금률을 실천하며, 직원들이 진심 어린 결정을 내릴 수 있도록 권한을 부여할 때 비로소 조직이 성공한다는 사실을 탁월한 분별력과 상식으로 그려낸다. 정말이지, 미친 듯이 좋아하는 책이다.

직원들이 앞장설 수 있도록 길을 비켜줄 수 있어야 진정한 리더다.

순식간에 몰입했다! 리더십의 기반을 단단하게 다지는 짧고 굵은 가르침.

놀라운 반전이 있는 이야기와 함께 리더와 리더십에 관한 낡은 사고방식에 반기를 든다.

THE GO-GIVER 3

THE GO-GIVER LEADER

by Bob Burg and John David Mann

THE GO-GIVER

결국 원하는
결과를 내는
리더의 비밀

밥 버그·존 데이비드 만
김민정 옮김

3

더 기 버

O'FAN HOUSE

차례

아리아나 허핑턴

(허핑턴 포스트 미디어그룹 회장)

타인에게 베풀고 긍정적인 영향을 주고 관심을 기울이고, 진실하게 살고, 항상 마음을 열고 주고받는 것. 동화책에만 존재하는 삶이 아니다. 내가 마주친 많은 사람들은 현실에서 그런 훌륭한 삶을 살고 있었다.

출신지나 직업은 다를지언정 그들 모두 베풂의 철학을 공유한다. 이 책은 그러한 베풂이 동화, 우화, 백일몽이 아니라 누구나 따를 수 있는 현실적인 존재 양식임을 보여준다.

사람들은 베풂의 철학에 따라 세상이 돌아간다고 믿고 싶어 한다. 실제로 타인에게 초점을 맞추는 건 선한 행위일 뿐만 아니라 자신의 삶을 풍요롭고 충만하게 만들

수 있지만 우리는 너무나 자주 압박감을 느낀다. "약육강식의 논리가 지배하는 세상이니 나부터 챙기는 게 우선"이라는 냉소적이고 체념 어린 목소리를 안팎에서 들으면서 말이다.

"성공하여 재정적 안정을 **달성해야만** 남에게 베풀 여유가 생긴다"라고 여기는 사람이 너무나 많다. 하지만 이 책을 쓴 밥 버그와 존 데이비드 만은 '기버go-giver' 개념을 통해 베푸는 사람이 되는 것이야말로 어떤 종류의 성공이든 이룩하는 길이라고 말한다.

'베푸는 사람'이 된다는 것은 무얼 뜻하는가? 대개는 자선단체에 기부하는 모습, 즉 성공을 거둔 뒤에 '환원'하는 행위를 떠올리지만 그건 베풂의 작은 부분에 불과하다. 밥과 존이 말하는 '베푸는 사람'이란, 말 그대로 '주는 사람'이다. 타인을 위해 배려하고 관심을 기울이고 마음을 쓰고 시간과 에너지를 쏟고 **가치**를 제공하라는 뜻이다.

베푸는 사람이 된다는 것은 대가를 바라거나 우위를 점하기 위한 전략이 아니다. 베풂의 행위 자체로 만족감과 충만함을 누리는 삶의 방식이다.

《더 기버 1》이 나온 지 몇 해쯤 지났을 때 우리에게 새로운 아이디어가 떠올랐다. 그사이에 성공에 관한 강력한 아이디어를 담은 우리의 소박한 이야기는 미국을 뛰어넘어 전 세계에 퍼져나가며 많은 사람들의 사랑을 받았다. 여러 크고 작은 기업들은 이 책을 계기로 기버 문화를 도입하면서 경제적 성장을 이뤄냈다.

우리는 후속작으로 《더 기버 2》를 출간했다. 수십 명의 경험담을 바탕으로, 이론적으로 훌륭해 보이는 기버 정신이 현실에서도 **정말** 통한다는 사실을 전하는 데 초점을 맞췄다.

저지인 밥 버그는 세계 곳곳을 누비며 기버 전문 인력

을 양성했다. 수많은 학교들과 교육자들이 《더 기버 1》을 수업에 활용했으며, 이에 부응해 우리는 기버 교육과정 가이드를 제작하기도 했다.

많은 일이 진행되고 있었다.

그럼에도 핀다가 아직 전하지 못한 이야기가 남은 듯했다. 《더 기버 1》에서 미스터리한 백만장자 핀다는 절망에 빠진 조에게 '천문학적 성공을 이루는 다섯 가지 법칙'을 알려주면서 베풂이야말로 풍요롭고 충만한 삶의 비결이라는 점을 일깨운다. 우리는 그중 세 번째 법칙인 영향력의 법칙을 좀 더 심도 있게 다뤄보기로 했다. '당신의 영향력은 타인의 이익을 얼마나 앞세우는지에 따라 결정된다'라는 가르침의 연장선상에서 핀다가 그의 친구들과 함께 **리더십**에 관해 전하고 싶은 메시지가 분명 있으리라 생각했다.

이미 리더십에 관한 훌륭한 책과 가르침이 넘쳐나는 상황에서 우리는 자문했다. '우리가 여기에 책 한 권을 더 보탤 만한 이유가 충분할까? 핀다라면 이 질문에 뭐라고 답했을까?' 틀림없이 핀다는 기존의 훌륭한 책들과 가르침을 인정하면서도 '위대한 리더십은 어떻게 만들어지는 가'라는 화두에 대해 자신만의 독특한 시각을 더했을 것이다. 리더십에 관한 기존의 통념을 180도 뒤집으면서 어떤 역설을 발견해냈을 것이다.《더 기버 1》에서 말했듯이 말이다. "모든 진리와 겉모습 이면에 반대의 것이 숨어 있으니 말이야."

그간 많은 독자들에게 한결같이 받았던 질문이 있다.

"《더 기버 1》의 아이디어를 리더십에 어떻게 접목시킬 수 있을까요? '주는 리더'란 어떠해야 하나요?"

이 책은 그러한 질문에 답하려는 노력의 산물이다.

처음에 이 책의 제목은 '당신에 관한 것이 아니다It's Not About You'였다. 기버 정신의 핵심을 담아낸 제목이라고 생각했다. 모든 일의 중심을 나에서 타인으로 옮기는 순간, 더 크고 예상치 못한 보답을 받게 된다는 의미였다. 적어도 우리는 그렇다고 생각했다.

하지만 주변의 반응은 사뭇 달랐다. 대부분 '당신에 관한 것이 아니다'라는 제목을 보고 '아, 나와 관련된 이야기가 아니라면 굳이 읽을 필요가 없겠어'라고 여긴 것이다.

우리는 '당신에 관한 것이 아니다'라는 제목이 이 책의 진정한 메시지를 명확히 전달하지 못한다는 걸 이내 깨닫게 되었다.

다행히 우리의 든든한 출판 파트너들은 우리가 책 제목을 바꾸고 새로운 표지로 다시 출간할 수 있도록 흔쾌히 허락해주었다. 그렇게 지금 여러분이 손에 들고 있는 이 책이 탄생했다.

물론 이야기도 어느 정도 다시 손을 보았다. 특히 전설적인 리더십을 위한 다섯 번째 열쇠와 결말 부분에 많은 공을 기울였는데, 이를 통해 주인공 벤이 궁극적으로 깨달은 것, 즉《더 기버 1》에서 핀다가 영향력의 법칙으로 전하려던 리더십에 관한 진리를 훨씬 더 명확하게 담아낼 수 있었다. 이 우화가 품고 있는 메시지를 여러분과 온전히 나눌 수 있어서 무척 기쁘다.

이것이야말로 우리 자신에 관한 이야기다. 동시에 타인을 중심으로 생각할 때 자신에게 어떤 일이 일어나는지에 관한 이야기다. 나의 영향력을 높이는 가장 좋은 방법은 그것을 내주는 데 있다는 깨달음에 관한 이야기다. 이

것이 바로 핀다가 말하는 리더십의 역설이다.

이 책은 소박하고 친근한 이야기로 이뤄져 있지만, 그 속에는 리더가 갖춰야 할 비전과 공감, 영향력과 인격, 좌절과 승리라는 중요한 주제가 담겨 있다. 하지만 아무리 훌륭한 내용이라 해도 실질적인 경험이 뒷받침되기 전까진 그저 글자로만 존재하는 추상적인 개념에 불과하다.

이 지점에서 등장해야 할 사람이 바로 여러분이다.

반드시 CEO나 총리, 대통령이어야 할 필요는 없다. 조직의 수장이나 회사의 대표가 아닐 수도 있다. 이른바 '리더 자리'에 있지 않다고 해서 다른 사람에게 영향을 미치고 영감을 주고 힘을 실어주며 그들의 위대함을 일깨우는 촉매가 될 수 없는 건 아니다. 여러분도 얼마든지 주변 사람들의 성공을 응원하고 그들에게 **든든한 버팀목이 되어주고 리더십을 베풀면서** 세상을 좀 더 좋은 방향으로 이끌 수 있다. 그 여정에 부디 이 책이 도움이 되길 바란다.

1장

리더십을 발휘하는 사람

벤은 열심히 일하고 매사에 준비가 철저하며 결정적인 순간에 거래를 성사시키는 사람으로 유명했다. 그가 고객으로 유치한 기업만 해도 수십 곳이었으며 개인 고객은 셀 수 없이 많았다. 벤을 임원감으로 꼽는 이들도 여럿이었다. 벤이야말로 힘든 상황에서도 리더십을 발휘할 줄 아는 사람이라고 말이다.

그런 벤에게조차 지금 같은 상황은 처음이었다. 주차장을 나서자마자 9월의 눈부신 햇살이 그의 눈을 찔렀다.

“할 수 있어, 벤. 이건 식은 죽 먹기야.”

벤은 길을 따라 걸으며 조용히 중얼거렸다.

알려준 주소에 도착하니 거리의 절반은 차지할 법한 오래되고 견고한 벽돌 건물이 모습을 드러냈다. 벤은 실눈을 뜨고 위쪽을 쳐다보았다. 입구 상단의 벽돌에 단단히 고정된 커다란 황동판에는 이렇게 쓰여 있었다.

앨런 앤드 어거스틴

고급 의자 제작 판매

“식은 죽 먹기야.”

벤은 다시 한번 되뇌면서 참나무로 된 거대한 문을 열고 현관으로 들어섰다. 대팻밥, 가죽, 바니시 냄새가 가장 먼저 코끝을 스쳤다.

앨런 앤드 어거스틴은 풍파를 겪고 있었다. 벤이 이곳에 온 것도 바로 그 때문이었다.

○ ○ ○ ○

회의실에는 스무 명 남짓의 사람들이 이리저리 서성이며 목소리를 낮춘 채 대화하고 있었고 벤은 그곳의 유일한 외부인이었다. 그는 사람들 사이를 돌아다니며 악수를 하고 앨런 앤드 어거스틴 임원진과 대책 위원회 위원들과 인사를 나눴다.

회의실 상석에 놓인 의자 두 개가 눈에 띄었다. 그 옆에는 앨런 앤드 어거스틴을 창립한 두 남자가 서 있었다.

처음 소개받은 사람은 호리호리한 체격에 부드러운 말투를 가진 신사였다. 그는 공동 창립자 앨런으로, 벤을 조용히 맞이했다. 앨런의 옆에 서 있던 우람한 체격의 남자도 벤을 따뜻하게 환대하며 양손으로 힘껏 악수를 청했다. 이 회사의 공동 창립자이자 앨런의 형제인 어거스틴이었다.

그다음에는 나무줄기 같은 손을 가진 건장한 남자와 마주했는데 생산 팀장 프랭크였다. 프랭크는 아무 말 없이 고개만 끄덕였다.

마지막으로 벤은 재무 및 인사를 담당하는 캐런과 인사했다. 짙은 눈동자에 총명함이 담긴 작은 체구의 여성이었다.

"당신이 벤이군요."

벤은 캐런이 적대감을 드러낸 건지, 그저 조심스러워하는 건지 확신할 수 없었다. 다만 네 명의 임원들을 설득만 하면 이 회사를 손에 넣을 수 있다는 건 잘 알았다. 이들의 마음을 사로잡아야 했다.

한마디로, 그들을 **공략해야 했다.**

"착각하지 마. 여기는 전쟁터야."

아침에 면도를 하면서 벤은 거울 속 자신에게 중얼거렸다.

12년 동안 마든 그룹에서 일하면서 벤은 영업사원에서 관리자로, 뒤이어 부서장으로 승진했다. 그리고 현재, 겨우 서른네 살의 나이에 사내에서 가장 경쟁이 치열한 인수합병 부서에 임시로 발탁되었다. 벤의 임무는 새로 인수한 회사의 구조조정을 이끄는 것이었다. 불과 사흘 전 벤에게 일을 맡긴 그의 상사가 거듭 강조했듯이 '원활한 전환'을 이뤄내야 했다. 마든 그룹의 성공적이고 생산적인 계열사, 그러니까 행복한 가족의 일원이 될 수 있도록.

그런데 새로 인수했다는 그 회사가 사실상 **인수되지** 않은 상태였다.

바로 이것이 벤의 임무였다. 앨런 앤드 어거스틴 소유주들에게 마든 그룹과의 합병이 그들에게도 최선의 결정이라고 설득해야 했다. 문제는 앨런 앤드 어거스틴의 500명 정도 되는 직원들이 상당한 자사 주식을 보유하고 있었다. 직원 모두가 소유주인 셈이다. 벤이 할 일은 간단했다. 500명가량의 직원들이 적대감을 내려놓고 눈앞의 상황을 받아들이게 하는 것이다.

물론 벤에게도 이런 상황은 처음이었다.

○ ○ ○

회의실 안 웅성거림이 잦아들고 모두가 자리에 앉았다. 앨런은 간단한 소개를 하고는 벤에게 발언권을 넘겨주었다.

벤은 단호하면서도 친근한 미소를 지었다. 이제 주도권을 잡을 시간이었다.

"고급 의자 제작 판매."

벤은 일부러 천천히 말했다.

"모든 제품을 최고급 목재로 제작하고 손수 디자인하고 완벽하게 검수하죠. 앨런 앤드 어거스틴 의자에 앉으면…."

벤은 일부러 그들의 광고 문구를 따라 읽기 시작했다.

"단순히 받쳐준다기보다 감싸안기는 느낌입니다."

'**우리는 당신을 감싸안습니다**'는 이 회사의 슬로건이었다. 벤은 진부한 모토라는 생각을 떨칠 수가 없었다.

"유아와 어린이, 학생용 의자부터 크고 위풍당당한 회의실 의자, 고전미 넘치는 시골풍 부엌 의자, 세련되고 등받이가 곧은 식탁 의자, 할머니를 위한 아늑하고 푹신한 안락의자, 수유에 안성맞춤인 편안한 흔들의자까지…."

벤은 계속해서 말을 이어갔다.

"생의 모든 순간을 품어주는 의자들."

벤은 회의실 안 사람들이 어색하게 자세를 고쳐 앉는

모습을 감지했다. 좋지 않은 신호였다.

"듣기로는 시의원 절반이 앨런 앤드 어거스틴 의자에서 젖을 먹고 트림을 하고 잠이 들었다고 하더군요."

벤은 잠깐 말을 끊었다가 한마디 덧붙였다.

"그게 바로 지난 주말이었죠."

테이블에서 웃음소리가 들렸다. 좋은 신호였다.

"전부 수작업으로 정교하게 만듭니다."

벤은 반복해 말했다.

"제품 카탈로그에 적힌 설명이죠. 그런데 다들 아시나요? 이 말은 이 회사를 설명하기에도 딱 맞는 표현입니다. 여러분은 이 도시의 전설입니다.

기여민 무두가 여러분이 이곳에서 일군 끈끈한 결속에 대해 높이 평가하고 있습니다. 직원 중 상당수가 창립부터, 적어도 초창기부터 함께해왔고, 두 세대에 걸쳐 근무하는 직원들도 많고요. 앨런 앤드 어거스틴은 그야말로 이 도시가 자랑할 만한 위대한 성공 사례죠."

벤은 다시 한번 침묵했다.

"하지만…."

벤은 '하지만'이라는 단어를 단검처럼 휘두르는 법을 알았다. 상대의 가장 강력한 전제와 명제를 베어버리는 데 사용하는 것이다. 때로는 은밀한 덫처럼, 때로는 수류탄처럼 대놓고 던지기도 했다.

바로 지금처럼.

벤은 회의실을 둘러보며 분위기를 파악했다.

"하지만."

벤은 한 번 더 반복했다.

"현실을 마주합시다. 험난한 시기였습니다. 경쟁은 치열하고 비용은 상승하고 매출은 떨어지고 있습니다. 수익 압박을 받고 있어요.

경영진은 단 한 명의 직원도 해고할 수 없다는 원칙을 고수하고 있습니다. 그 점은 존경합니다. 진심이에요. 대신 전면적인 임금 삭감을 시행할 수밖에 없었죠. 얼마나 고통스러우셨을지 잘 압니다."

벤은 잠시 침묵했다가 이어서 말했다.

"저는 출혈을 멈추는 것을 돕기 위해 이곳에 왔습니다."

벤은 지난 주말 내내 이 문장을 몇 시간이나 연습했다.

건방진 소리처럼 들리지 않기를 바랐기 때문이다. 진심에서 우러난 말이었다. 한때 위대했던 기업이 이렇게 무너진 모습을 보는 게 마음 아팠고, 그가 보기에 마든 그룹이야말로 이들을 구할 백기사였다.

하지만 어떻게 그들을 설득할 수 있을까?

"이것만은 꼭 알아주셨으면 합니다. 마든 그룹은 가족 같은 회사가 어떤 것인지 잘 알고 있습니다. 우리도 바로 그런 회사이기 때문입니다.

마든 그룹의 내력을 알고 계시리라 생각합니다. 이민자 출신의 앤드루 마든이 유통 사업을 벌이면서 1930년대에 뉴욕에 차린 회사입니다. 앤드루의 딸 엘리자베스가 경영권을 승계받은 뒤로 엘리자베스는 부슈널 가문과 결혼해 오랜 세월 회사를 성공적으로 이끌었습니다. 이후 창립자의 외손자이자 엘리자베스의 아들인 토머스 J. 부슈널이 경영권을 넘겨받았습니다. 오늘날 마든 그룹 회장이자 CEO로 계시는 분이죠."

벤이 토머스 J. 부슈널 회장과 직접 대면한 건 고작 두 번뿐이었다. 첫 번째는 12년 전 벤이 마든 그룹에 입사한 첫해에 부슈널 회장이 부서 워크숍에 얼굴을 비쳤을 때였다. 두 번째는 불과 사흘 전인 지난 금요일, 그가 벤을 집무실로 호출했을 때였다.

그 짧은 만남에서 부슈널 회장은 자신이 이번 거래의 성공을 얼마나 절실히 원하는지, 그리고 이 거래가 얼마나 중요한 기회인지 벤에게 확실하게 각인시켰다. 인수합병 부서는 경쟁이 살벌한 곳이었다. 만약 벤이 이번 건을 제대로 해내지 못한다면 출세에 목마른 수많은 경쟁자들이 그를 넘볼 기회를 노릴 게 분명했다.

벤의 일자리, 그리고 그와 아내 멜라니의 미래가 여기에 달려 있었다.

"지금 봐서는 어느 쪽으로든 판세가 기울 수 있는 상황이야. 최종적으로 **어디로 기울게 될지**는 오직 한 사람에게 달려 있지."

부슈널 회장은 벤을 똑바로 쳐다보며 이 말을 끝으로 대화를 마쳤다.

"바로 자네야."

○ ○ ○

벤은 숨을 깊게 들이쉬었다. 이제 시작이다.

"아시겠지만 마든 그룹과 부슈널 회장은 앨런 앤드 어거스틴에 인수 제안을 한 상태입니다. 앞으로 며칠간 저는 창립자 두 분, 주요 부서장들과 만나면서 이 회사와 직원들을 알아가는 시간을 가질 예정입니다.

그리고 정확히 일주일이 지난 다음 주 월요일, 매우 중대한 회의가 여러분을 기다리고 있습니다. 이 회사가 창립된 이래 가장 중요한 회의가 될 것입니다. 그 회의에서 여러분 모두가 두 가지 중 하나를 선택해야 합니다. 찬성 아니면 반대."

그는 회의실을 찬찬히 둘러보았다.

벤은 회의 분위기를 읽는 데 꽤 능숙했고, 지금 여론이 자신에게 기울고 있음을 느꼈다. 참석자 3분의 1이 찬성에 힘을 실어준다면 확실한 승리였다. **찬성**이 8표 정도만 나와도 **반대** 입장에 선 나머지 사람들을 흔들 수 있을 것 같았다. 아니, 6명만 확보해도 충분했다. 도박이나 다름없었지만 왠지 모를 확신이 들었다.

'주도권을 잡아, 벤.' 그는 스스로 되뇌었다. '너는 할 수 있어.'

벤은 의자에 등을 기대며 편안한 자세를 취했다.

"이건 어떨까요? 현재 우리가 어느 지점에 와 있는지 알아보기 위해 간단한 거수투표를 해보는 거죠. 물론 비공식적으로…."

이렇게 말하며 벤은 자기 손을 들었다.

"지금 찬성 쪽으로 마음이 기운 사람은 몇 분 정도 될까요?"

아무도 손을 들지 않았다.

뒤이은 10분 동안, 회의를 마무리하고 사람들과 예의상 인사를 나눈 뒤 엘리베이터를 타고 내려가 거리로 나설 때까지 벤의 머릿속에는 오직 한 가지 생각만 맴돌았다.

'식은 죽 먹기는 아니겠구나.'

2장

질문

오래된 벽돌 건물을 뒤로하고 벤은 길모퉁이에 있는 삭은 레스토랑으로 향했다. 친구인 클레어가 가장 좋아하는 가게라며 기회가 되면 꼭 가보라고 했던 곳이었다.

벤은 손님들로 북적이는 카페로 들어갔다. 역시나 구석 테이블에 클레어가 앉아 있었다. 그는 여기서 그녀와 우연히 마주치기를 내심 바랐다. 사실 어느 정도는 노리고 간 것도 있었다.

클레어는 이름난 마케팅 전문가로, 몇 년 전 앨런 앤드 어거스틴에서 프리랜서로 일한 적이 있었다. 지금은 지역의 규모 있는 비영리기관에서 '모금 디렉터'라는 요직을 맡고 있다. 벤은 클레어에게 앨런 앤드 어거스틴에 대한 귀중한 정보를 얻을 수 있으리라 생각했다. 어쩌면 조직 내부 상황을 알아낼지도 모른다. 누가 실권을 쥐고 있는지, 누가 권력을 휘두르는지 같은 것 말이다.

내부 정보를 파악해서 손해될 건 없었다.

클레어를 부르려던 순간, 벤은 그녀가 혼자가 아니라는 것을 깨달았다. 그녀의 맞은편에는 나이 든 여인이 앉아 뜨거운 찻주전자를 만지작거리고 있었다. 벤은 문 앞에서 망설이다가 문득 시선을 돌린 클레어와 눈이 마주쳤다.

"벤!"

클레어가 반갑게 외치며 그에게 손을 흔들었다.

"벤, 엘르 이모를 소개할게."

아하! 벤은 클레어가 소개하는 여인과 악수하면서 생각했다. 왠지 낯이 익다 싶었는데 이내 이유를 깨달았다.

'가족이라 닮았구나.'

바로 그때 웨이터가 작은 쟁반을 들고 다가왔다. 클레어가 마실 커피와 나이 든 여인의 것으로 보이는 고급 디저트가 얹어져 있었다.

"같이 앉자. 우리는 금방 일어나야 하지만, 자리는 네가 계속 사용해도 되니까."

엘르가 디저트를 떠먹기 시작하자 클레어가 벤을 쳐다봤다.

"여긴 무슨 일로 온 거야?"

벤은 대강의 상황을 설명했다. 회사 이름은 밝히지 않고, 그저 힘든 시기를 겪어온 오래된 제조업체에 마든 그룹이 인수 제안을 한 상태라고만 말했다. 너무 자세한 내용까지 알리고 싶진 않았다. 벽에도 귀가 있는 법이니까.

엘르가 불쑥 끼어들었다.

"그럼 마든 그룹에서 일하는군요?"

벤은 그렇다고 대답하며 물었다.

"저희 회사에 대해 들어보셨나요?"

엘르는 애매하게 고개를 끄덕이더니 이내 눈앞의 티라미수와 뜨거운 차에 집중했다.

벤은 클레어에게 현 상황을 간단히 요약했다.

"그러니까 일주일 안에 500명이 나와 같은 생각을 하도록 만들어야 해."

그는 잠시 말을 멈췄다가 질문했다.

"좋은 아이디어 있어?"

클레어는 미간을 찌푸린 채 생각에 잠기더니 뜻밖에도 엘르에게 몸을 돌려 물었다.

"잘 모르겠어. 엘르 이모는 어떻게 생각해요?"

벤은 속으로 신음했다.

엘르가 벤을 올려보며 물었다.

"설득할 사람들이 다섯 명이라고 했던가요?"

"정확히는 500명입니다."

벤은 정중하게 바로잡았다.

"아, 그래요. 그 사람들이, 그러니까 당신 생각에 동의하지 않는다는 거네요?"

"아직까진 그렇습니다. 그래서 제가 그분들을 설득해야 하는 거고요."

벤이 대답했다.

엘르는 입술을 오므리더니 말했다.

"음….."

그녀는 힘주어 말하려는 듯 벤 쪽으로 몸을 기울이며 말했다.

"말을 적게 할수록 더 큰 영향력을 가지게 될 거예요."

벤은 예의상 고개를 끄덕였다.

"이유가 뭔지 아나요?"

엘르가 물었다.

"아니요. 모르겠어요. 왜 그런가요?"

벤이 답했다.

"더 많이 내어줄수록 더 큰 힘을 얻게 되거든요."

벤은 다시 클레어와 대화하려고 힐끗 쳐다보았다. 클레어는 커피에만 시선을 고정하고 있었는데 마치 웃음을 참고 있는 것 같았다.

뭔가 말을 해야 했다.

"음… 뭐랄까, 선불교의 가르침 같네요."

클레어는 참았던 웃음을 터트렸다.

"이제부터 이모를 '보살님'이라고 불러야겠어요!"

엘르는 두 사람을 향해 한쪽 눈썹을 치켜올리더니 티라미수로 눈길을 돌렸다.

"그럼 클레어… 부탁 하나 해도 될까?"

벤이 운을 뗐다.

"말해봐."

클레어가 말했다.

"내일 아침부터 이번 주 내내 핵심 인물들과 미팅이 있어. 시간이 된다면 미팅 결과에 대해 네 생각을 듣고 싶어. 일종의… 브리핑이랄까."

정보 수집. 내부 사정 파악.

클레어는 커피잔을 내려놓았다. 엘르를 잠깐 바라보았다가 잔으로 눈길을 돌리더니 다시 벤을 쳐다보았다. 마음속으로 뭔가 상반되는 생각들을 저울질하는 것 같았다. 마침내 그녀가 고개를 끄덕였다.

"좋아. 대단한 통찰을 줄 수 있을지는 장담 못 하지만. 내일 점심에 여기에서 만나면 어떠니."

웨이터가 계산서를 가져왔다. 클레어가 값을 치르는 동안 엘르가 불쑥 말을 꺼냈다.

"한 가지 물어봐도 될까요?"

"그럼요."

"그 다섯 명에게 제안을 했다고 했죠?"

"500명입니다."

벤이 다시 정정했다.

"아, 그래요. 500명."

엘르는 벤의 눈에 시선을 고정했다. 그녀의 눈동자는 놀라우리만치 얼음같이 푸르고 맑았다.

"당신이 그들에게 정말로 줄 수 있는 게 뭐죠?"

엘르는 도서관 사서처럼 차분하고 직설적인 말투로 물었다. 지난 수십 년 동안 수천 명의 소란스러운 학생들을 그렇게 조용히 시켰을 것만 같다. '학생, 그만 떠들어!'

벤은 순간적으로 동요했다.

"음…."

그는 더듬거리며 말을 시작했다.

"우선 상당한 자원을 협상 조건으로 걸 수 있습니다."

뒤이어 규모의 경제, 유통 채널, 시장 점유율 같은 것들을 운운하며 마든 그룹의 장점을 설명했다. 그는 왠지 모르게 모든 말들이 공허하게 울린다는 걸 깨닫고는 속으로 생각했다. '왜 내가 처음 보는 사람에게 구구절절 변명하고 있는 거지?'

엘르는 벤의 말이 끝나기를 기다리고는 고개를 끄덕이며 말했다.

"아하."

벤은 마치 초등학생이 되어 예정에 없던 쪽지 시험을 완전히 망친 듯한 기분이 들었다.

○ ○ ○

그날 밤, 벤은 멜라니에게 하루 일과를 들려주며 클레어와의 대화와 엘르를 만난 얘기를 했다.

"그분이 기이한 질문을 던지는 거야. '당신이 그들에게 정말로 줄 수 있는 게 뭐죠?'라고 말이야. 황당했어."

멜라니는 생각에 잠긴 채 벤을 바라보았다. 그러더니 잠깐 기다리라는 말을 남기고 방을 나갔다.

"여보, 줄 게 있어. 승진 축하 선물이야."

벤은 선물을 받아 조심스럽게 포장을 풀었다. 아름다운 가죽 장정 노트였다. 겉면에는 멜라니가 직접 쓴 글이 새겨져 있었다.

벤의 선언서

"어서 열어봐."
멜라니가 말했다.
벤은 노트를 폈다. 나머지는 완전한 백지였지만 첫 페이지 맨 위에 멜라니가 손수 적은 제목이 있었다.

전설적인 리더십을 위한 열쇠

"전설적인 리더십? 좀 과한 것 같은데? 난 인수합병 부서의 신참으로 들어간 거야. 합동참모본부장 같은 게 아니라고."
멜라니는 환하게 웃으며 그의 어깨를 툭 쳤다.
"네, 장군님."

그러고는 노트 쪽으로 턱을 까닥하며 말했다.

"헌정 문구를 읽어봐."

속표지를 보니 이렇게 적혀 있었다.

벤에게. 난 항상 당신을 믿고 있어.

벤은 다시 멜라니를 바라보았다. 얼마나 운이 좋길래 그녀를 만나 부부가 될 수 있었을까.

"음, 진심이야."

멜라니가 말했다.

벤은 주머니 안쪽을 보여주며 말했다.

"실망시켜서 미안한데, 자동차 열쇠 말고는 다른 열쇠는 없는 것 같네."

"가지게 될 거야. 그리고…."

그녀는 이렇게 대답하고 나서 말없이 무언가에 골몰했다.

"멜라니?"

벤이 말했다.

"음? 아무것도 아니야. 그냥 생각 중이었어."

"그리고…?"

벤은 그녀가 하려던 말을 재촉했다. 멜라니의 사랑스러운 점이었다. 그녀는 그야말로 깊은 생각에 잠겼다.

"음….

멜라니가 말했다.

"그냥 그 할머니 말이야. 어떻게 생각해?"

"좀 괴짜 같다고 생각해."

"아니, 그분의 질문 말이야. 당신이 그들에게 무엇을 줄 수 있냐는 질문에 대해 어떻게 생각해?"

벤은 고개를 세차게 저었다. 부정한다기보다는 질문 자체를 떨쳐버리려는 것 같았다.

"제발, 멜라니. 대체 뭘 물으려는 건지 나도 모르겠어."

그날 밤 벤은 멜라니가 잠든 후에도 한참 동안 천장을 응시하며 누워 있었다. 그가 그들에게 **정말로** 줄 수 있는 건 과연 무엇일까?

3장

꼭대기 층

다음 날 아침, 벤은 적진에 뛰어드는 각오로 뜨거운 커피 한 잔을 들고 오래된 벽돌 건물로 들어섰다. 점심시간에 직원 몇 명과 자리를 가질 예정이었지만, 그전에 먼저 공동 창립자이자 공동 의장, 공동 대표 겸 기획 총괄을 맡고 있는 앨런과 독대를 해야 했다.

이는 전략적인 선택이었다. 트로이 벌판에서 헥토르와 맞서려 나선 아킬레우스처럼 벤은 군대 전체를 상대하는 것보다 일대일 결투가 훨씬 현명한 선택이라고 생각했다. 일대일로 붙는 건 꽤 자신 있었다. 지금껏 **수많은** 계약을 성사시킨 장본인 아닌가.

안내 데스크를 지나 낡은 엘리베이터에 올라타 8층을 눌렀다. 건물의 최상층이었다.

벤이 앨런의 사무실로 들어서자 호리호리한 체구의 남자가 책상에서 몸을 일으켰다.

"벤."

앨런이 뒤편의 통유리로 된 창으로 다가가며 그에게 손짓했다.

"보여주고 싶은 게 있어요."

벤은 그의 곁으로 다가가 바깥 풍경을 내다보았다. 날씨는 청명했고 수정처럼 맑은 전경이 펼쳐졌다. 도심을 가로질러 서쪽 지평선에 이르는 길고 완만한 산등성이까지 선명하게 보였다.

"제 사무실이 왜 꼭대기 층에 있는지 아십니까?"

"누가 보스인지 모두에게 각인시키려고요?"

앨런은 웃음을 터트리며 먼 곳을 가리켰다.

"저기 좁은 계곡이 보이나요?"

시야에 계곡이 들어왔다.

"어거스틴과 저는 저곳에서 자랐죠."

그가 손가락을 북쪽으로 조금 움직이자 울창한 숲으로 뒤덮인 지역이 보였다.

"저기가 바로 우리가 목재 사업을 시작한 곳이죠. 그러니까 15년 전쯤 이 건물을 매입했을 때, 여기 벽면을 전부 뜯어내고 통유리를 설치했어요. 이 풍경을 매일 볼 수 있도록 말입니다. 종류를 불문하고 조직을 이끄는 사람에게 가장 중요한 덕목이죠."

벤은 무슨 뜻인지 이해하지 못했다.

"그게 뭔가요?"

앨런은 벤을 쳐다보았다.

"자신이 어디에서 왔는지 절대 잊지 않는 것입니다."

그는 먼 계곡으로 다시 시선을 돌렸다.

"우리는 바로 저 근처에서 사업을 시작했어요. 버려진 낡은 교회 건물에서요. 친구들의 도움 덕분에 경매에서 헐값에 낙찰받았죠. 곧 철거될 참이었거든요."

"성경의 한 구절이 떠오르네요. '건축자들이 버린 돌

이 머릿돌이 되었도다.'"

벤이 말했다.

앨런이 미소를 지으며 고개를 끄덕였다.

"거의 그런 셈이죠."

"목재 사업에 대해서 말씀하셨죠?"

사실, 벤은 이미 알고 있었다. 프로젝트를 맡고 나흘 동안 그는 이 회사를 속속들이 조사했다. 가능한 많이 알아보았다. 하지만 그는 앨런이 회사에 관해 이야기하는 걸 듣고 싶었다.

"저기 보이는 나무들이 우리가 의자를 만들 때 쓰는 목재입니다. 물론, 모든 원목을 저기서 가져오는 건 아니지만요."

그는 파노라마처럼 펼쳐진 풍경 위로 손을 흔들었다.

"하지만 원자재는 거의 수백 킬로미터 반경 안에서 조달합니다. 나무를 보존하고 보호하기 위해 관리된 숲에서 공급되는 목재만 쓰고 있죠. 또 나무 심기 프로젝트도 진행하고 있어요. 덕분에 넷 포지티브Net Positive의 일환으로 국가 산림에 실질적인 영향을 미치고 있죠. 비용이 많이 들긴 하지만 필요한 일이에요. 바로 이것이….”

그는 다시 한번 풍경 전체를 향해 손짓했다.

“제가 어디에서 왔는지를 잊지 않게 해줄 것입니다.”

“그럼 재정 상태는 어떤가요?”

앨런은 벤을 가만히 바라보았다.

“말씀드렸다시피 비용이 많이 듭니다. 처음에는 사람들이 비웃었죠. 하지만 우리는 고객들이 기꺼이 대가를 지불할 거라고 믿었어요. 결국 마지막에 웃은 건 우리였습니다. 고객들이 정말 그랬으니까요.”

이제 그는 벤을 향해 몸을 돌렸다.

“창립 3년 만에 ‘올해를 선도한 회사’에 선정된 것도 아시나요?”

“이 도시에서 가장 유망한 스타트업 말씀이시죠?”

앨런이 짧게 웃더니 가볍게 고개를 숙였다.

“숙제를 제대로 하셨군요.”

벤이 미소 지었다.

<hr>

• 　기업이 환경, 사회, 경제에 긍정적인 영향을 창출해 성과까지 내는 것.

“어제 이곳이 이 도시의 가장 위대한 성공 사례 중 하나라고 말한 건 농담이 아니었어요.”

이는 벤의 교묘한 수였다. 벤과 앨런 둘 다 알고 있었다. 전날 앨런 앤드 어거스틴 회의실에서 벤이 그 말을 한 다음에 꺼낸 단어가 “하지만…”이었다는 것을.

앨런은 고개를 끄덕이고는 다시 경치를 바라보았다.

“저는 저 너머에서 다른 것도 봅니다.”

“도시 말인가요?”

벤이 조심스럽게 물었다.

앨런은 짧게 웃었다.

“음, 도시는 어디서든 분명히 보이죠. 제가 말한 건 산입니다. 숲은 우리가 무슨 일을 하고 있는지 떠올리게 하죠. 그리고 산은 우리가 왜 이 일을 하고 있는지 일깨워줍니다. 우리가 도달할 수 있는 고지와 위대함을요.

경치는 그 자체로 이미 장엄합니다. 하지만 저 경치가 중요한 이유는 이 안에서 볼 수 있는 시야를 채워주기 때문입니다.”

앨런은 이렇게 말하며 한 손가락으로 자신의 이마를

가볍게 두드렸다.

"그리고 이 안에 있는 것이 밖에서 일어나는 모든 것을 가능하게 합니다."

그는 아무 말도 하지 않은 채 서쪽의 산들을 지그시 바라보았다. 그다음 숨을 들이쉬고 크게 내쉰 뒤 벤을 향해 몸을 돌렸다.

"앉으세요."

앨런은 벤에게 자신의 책상 앞에 놓인 평범해 보이는 나무 의자를 권했다.

벤은 의자에 앉았다. 그리고 깜짝 놀랐다. 등과 허벅지 라인에 완벽하게 맞춤 제작된 하네스에 매달린 기분이었다. 우주에 둥둥 떠 있는 우주비행사처럼 자연을 초월한 듯했다. 그야말로… 폭 안긴 느낌이었다.

"와!"

벤이 감탄했다.

앨런은 미소 지으며 고개를 끄덕였다.

"우리가 만든 의자에 앉아본 적이 없었나 보군요?"

벤은 고개를 절레절레 저었다.

앨런이 말했다.

"첫 번째예요."

벤이 대답했다.

"네, 처음 앉아봅니다."

"아니요. 제 말은 그 의자가 1호라는 겁니다. 28년 전에 우리가 제작한 첫 번째 의자예요."

벤은 의자에 불이라도 붙은 듯이 허둥지둥 일어났다.

"이런 세상에!"

"괜찮아요."

앨런이 웃으며 말했다.

"걱정 말아요. 역사적인 물건이지만 쉽게 부서질 의자가 아니니까."

앨런의 얼굴에서 점점 미소가 사라졌다.

"회사에 대해서도 이렇게 말할 수 있으면 좋겠네요."

잠시 어색한 침묵이 흘렀다.

벤은 1호 의자에 다시 앉았고, 앨런은 큰 책상 너머에 있는 자신의 자리에 앉았다.

벤이 말문을 열었다.

"음, 그게 제가 여기 온 이유입니다. 저는 앨런 앤드 어거스틴이 옛 영광을 되찾기를 바랍니다."

"저도 그렇습니다, 벤. 마찬가지예요. 하지만 단도직입적으로 말하죠. 저는 이 합병에 찬성하지 **않습니다**. 마든 그룹은 선의를 갖고 합병을 제안했겠지요. 하지만 선의를 품고 있고 자금이 풍부하다는 것만으로는 충분하지 않습니다."

그는 의자를 빙그르르 돌려 통유리 창 너머로 펼쳐진 경치를 바라보았다.

"이 풍경이 없으니까요."

벤은 자신의 선택지를 가늠해보았다. 주도권을 잃었다는 생각이 들었다. 지금이라도 다시 주도권을 잡고 우위를 선점해 대화를 마무리해야 할까? 아니면 그에게 생각을 정리할 여유를 줘야 할까?

그가 신중하게 준비한 주장을 펼치려는 순간, 앨런이 다시 입을 열었다.

"여기서 오래된 교회는 보이지 않으시겠죠. 그 교회는 더 이상 거기 없으니까요. 사업을 시작한 지 3년째 되던 어느 여름밤, 그 **올해를 선도한 회사**에 선정된 직후에 불이 났어요. 화재 경위는 아무도 모릅니다. 불은 걷잡을 수 없이 번졌어요. 재고, 원자재, 문서, 회계 장부… 모조리 불에 타버렸습니다. 그땐 모든 걸 종이에 기록하던 시절이었거든요.

다친 사람은 없었습니다. 하지만 이틀간 불길에 휩싸이고 나니 사업은 그야말로 재가 되어버렸어요. 이 의자 하나만 빼고 전부 말이죠. 화재 당시에 의자가 거기 없었거든요."

그는 벤이 앉아 있는 의자를 향해 고개를 까딱했다.

"화재가 있기 일주일 전에 우리에게 목공을 가르쳐준 장인에게 선물로 이 의자를 드렸죠. 화재 이후에 그 장인이 의자를 되돌려주겠다고 고집하셨고요."

앨런은 조용히 웃었다.

"아이러니하지 않습니까. 우리가 아직도 이 의자를 가지고 있는 유일한 이유가."

그는 곰곰이 생각했다.

"그건 바로 우리가 그 의자를 내줬기 때문이에요."

벤은 고개를 끄덕였다.

"화재에 관해서는 저도 읽었습니다. 정말 끔찍했을 것 같아요."

"상황은 갈수록 악화됐어요. 보험에 문제가 있었거든요. 화재는 보장이 되지 않더군요."

"말도 안 돼요!"

이 비극적인 정보는 벤이 조사 과정에서 발견하지 못한 것이었다.

"그러니까요. 완전히 전소됐죠."

"아…."

벤은 이 말밖에 할 수 없었다.

"정말로요."

"그래서 어떻게 하셨나요?"

앨런은 의자를 빙글빙글 돌리며 벤을 바라보았다.

"그날 저녁, 소방차가 떠나고 나서 전 직원을 모았습니다. 대략 20명 정도였어요. 앞마당으로 나가 직원들에게 물었습니다. '왜 이곳이 불탔는지 아시나요?'

'불탈 운명이라서?' 누군가가 그렇게 말하자 다들 웃

음을 터트렸어요. 방화라고 말하는 사람이 있는가 하면 아주 운이 나빴다고 하는 사람도 있었어요.”

앨런은 쓸쓸한 웃음을 지었다.

“다들 의기소침해했습니다. 누가 그들을 탓할 수 있겠습니까?”

그는 다시 한번 창밖을 쳐다보고는 벤에게 고개를 돌렸다.

“저는 돌아서서 도시 스카이라인을 가리켰습니다. 해 질 무렵이었어요. 모든 불빛이 깜박이며 켜지기 시작했죠. 저는 말했습니다. ‘더 큰 건물로 이사할 때가 됐기 때문입니다’라고요. 그때 가리킨 곳이 지금 우리가 앉아 있는 이 건물입니다.”

벤은 완전히 빠져들었다. 그 순간만큼은 자신이 이 남자를 설득하러 왔다는 사실을 까맣게 잊었다.

“물론 그렇게 간단한 일은 아니었습니다. 이 건물을 실제로 인수하기까지 그로부터 10년이란 세월이 걸렸죠. 그리고 수십 번, 수백 번이나 물거품이 될 뻔하기도 했어요. 사람들에게 영감을 주고 동기를 불어넣는 건 쉽습니다. '비전을 품어라'라고 말하는 것도 간단한 일이죠. 진짜 어려운 게 뭔지 아십니까?"

벤은 고개를 저었다.

"어려운 건 비전이 아닙니다. 누구나 비전을 생각해낼 수 있어요. 진짜 어려운 건 그 비전을 끝까지 **붙잡고 있는 것**입니다."

붙잡고 있는 것. 벤은 곰곰이 생각해보았다.

"물론 그날 저녁 교회 앞마당에서 모두가 의욕을 다진 건 사실이에요. 그다음 날도 마찬가지였어요. 하지만 일주일도 되지 않아 대부분 그만둘 채비를 하고 있었습니다. 다시 한번 말하지만, 누가 그들을 비난할 수 있겠습니까? 우린 돈도 없고 재고도 없고 공장도 없고 아무것도 없었어요. 교회가 불타버린 폐허 앞에서 제가 직원들에게 한 말은 겉보기에 터무니없는 소리였어요. 그걸 실현시킬 만한 근거도 전혀 없었죠. 우리는 안전망도 없이 보이지 않는 줄 위를 걸어야만 했습니다.

그게 바로 핵심이에요, 벤. 보이지 않는 줄 위를 그물 없이 나아가는 것. 사업을 일구려면 기술과 일과 재료가 필요하죠…. 하지만 이런 건 사소한 부분이에요. 사업을 일구는 데 반드시 필요한 것은, 아니 **무엇을 하든 간에** 필요한 것은 믿음의 행동입니다. 아무것도 없는 곳에서 무언가를 만들어내야 하니까요. 이해가 되나요?"

벤은 고개를 끄덕였다. 자신이 정말 이해했는지는 확신할 수 없었지만.

"리더십에 관해 학교에서는 배울 수 없는 게 있죠. 어떤 조직이든 가장 큰 도전 과제는 구성원들 머리 주위를 끊임없이 맴도는 두려움과 의심의 구름입니다. 리더의 역할은 큰 그림을 굳건히 붙잡고, 마음의 눈으로 수정처럼 명확하게 자신이 가고 있는 곳, 이 순간 **오로지** 자신의 내면에만 존재하는 그 장소를 계속해서 바라보는 것입니다. **특히** 아무도 보지 못할 때 말입니다. 그게 리더의 가장 큰 임무죠."

앨런은 말하는 내내 풍경을 바라보았다. 그러고는 다시 벤을 향해 돌아섰다.

"지금까지 마주했던 모든 역경과 곤경에 처했던 순간들에서 우리가 벗어날 수 있었던 건…."

그는 앞으로 몸을 기울여 검지로 벤의 이마를 부드럽게 톡 쳤다.

“보았기 때문입니다.”

4장

영향력의 본질

벤은 사람들로 북적이는 카페로 들어갔다. 덩치 큰 지배인 살 씨가 그를 바로 알아보았다.

"이쪽으로 모시겠습니다."

지배인은 고개를 살짝 숙이며 벤이 전날 앉았던 구석 테이블로 안내했다. 가까이 가니 클레어가 이미 와 있었다. 그리고 어김없이 엘르도 함께였다. 벤의 가슴이 철렁 내려앉았다.

"제가 방해가 된 건 아니겠죠?"

벤은 테이블 앞에서 조심스레 말을 꺼냈다.

"혹시 두 분끼리 할 얘기가 있는 건 아닐까 해서요."

오늘은 엘르 이모에게 추궁당하고 싶지 않았다. 클레어와 단둘이 조용히 이야기를 나누고 싶을 뿐이었다.

"바보 같은 소리 하지 마."

클레어가 말했다.

"기다리고 있었어. 그렇죠, 엘르 이모?"

나이 든 여인은 알 수 없는 표정으로 벤을 바라보았다. 짜증? 즐거움? 그녀는 분명 훌륭한 사서였겠지만 포커 선수였어도 실력이 뛰어났겠다고 벤은 마음속으로 생각했다.

벤이 자리에 앉자마자 젊은 웨이터가 주문을 받으러 왔다. 점심 주문을 마친 후, 벤은 앨런과의 만남에 대해 간략하게 설명했다. 앨런이 합병을 주저하고 있긴 하지만 회사의 운명을 걱정하고 있음을 느꼈다고 말했다.

"그에게 조금이라도 영향력을 발휘할 수 있을 것 같아 보였어?"

클레어가 물었다.

"모르겠어…. 아니, 아직 설득하지 못했어. 하지만 할 수 있을 거야. 내가 보기엔…."

벤은 점점 더 열띤 목소리로 말했다.

"나의 제안이야말로 그 회사가 슬럼프에서 벗어나는 데 꼭 필요해. 나는 진심으로 그들을 위한 올바른 선택이라고 믿어. 나에게는 확실하게 보이고 느껴지고 윤곽이 잡히거든. 일말의 의심도 들지 않아. 그가 나를 믿고 나의 말에 귀 기울이기만 한다면, 우리가 상황을 반전시킬 수 있을 거라고 생각해."

벤의 머릿속에는 불타버린 교회 앞마당에서 홈런을 예고하는 야구선수처럼 먼 곳을 가리키던 앨런의 모습이 스쳤다. 그에게 묘한 동질감이 들었다. 솔직히 말해서 지금 자신도 의욕이 샘솟는 기분이었다.

"좀 이상한 질문일 수도 있는데."

벤의 생각을 방해한 것은 엘르였다.

"방금 인칭대명사를 몇 개나 사용했는지 아나요?"

벤은 어리둥절한 표정으로 엘르를 바라보았다.

"네?"

"대명사가 뭔지는 알죠? 그, 그녀, 당신, 나, 우리, 그들 같은 거요."

벤은 고개를 끄덕였다.

"물론이죠. 그러니까, 당연히 알고 있습니다."

"그걸 왜 인칭대명사라고 부르는지 아나요?"

벤은 고개를 저었다.

"개인적인 것이기 때문이에요. 방금 한 짧은 연설 참 좋았는데요. 거기서 '나는', '나를', '나의'라는 말을 다섯 번이나 사용했어요."

벤은 얼굴이 화끈거렸다. 동시에 궁금증이 일었다. 어떻게 한 걸까? 그걸 어떻게 정확하게 세고 있었지? 사서만이 아니라 국어도 가르친 게 아닐까?

"다섯 번이라… 진짜요?"

벤이 중얼거렸다.

"네. 그리고 '우리가'라고도 했어요. 잠시만요…."

엘르는 머릿속으로 벤의 말을 되감아 듣는 것처럼 고개를 갸웃하더니 말했다.

"아, 딱 한 번이네요."

벤은 무슨 말을 해야 할지 몰랐다.

"그게 어떤 **메타 메시지**를 전달한다고 생각하나요?"

"메타 메시지요?"

"네, 메시지 속의 메시지죠. 아버지가 늘 그러셨거든요. '엘르, 남자애가 너한테 말을 걸거든, 가사를 믿지 말고 음악을 들어라'라고요."

벤은 갈피를 잡을 수 없었다. 어쩌다 이런 기묘한 대화에 휘말리게 된 거지?

"당신이 하는 말과 별개로 당신이 전하려는 의미가 따로 있죠."

엘르가 말을 이었다.

"예를 들어 클레어가 당신이 만난 사람에게 **영향을 미쳤냐**고 물었죠. 그런데 당신은 그를 **설득할** 수 있을 거라고 대답했어요. 이해되나요?"

벤은 좀처럼 이해가 되지 않았다.

"'**영향을 미치다**'와 '설득하다'는 완전히 달라요."

"실례가 될지 모르겠지만, 단순한 의미론적 차이가 아닌가요?"

"정확해요! 바로 그거예요."

엘르가 외쳤다.

"의미론은 중요해요. 엄청나게 강력하죠. '의미론적 semantic'이라는 말의 뜻을 알고 있나요?"

벤은 자신이 모른다는 것을 인정할 수밖에 없었다.

"기본적으로 어떤 단어가 의미하는 바가 무엇인지 뜻하는 말이에요."

"엘르 이모는 단어에 집착하는 편이거든."

클레어가 귀띔했다. 그 정도는 이미 짐작하고 있었다.

"펜에 관해 사람들이 자주 하는 말 알고 있죠?"

엘르가 말했다.

"펜은 칼보다 강하다는 말이요?"

벤이 조심스레 답했다.

"네, 엄밀하게는 정확한 말이 아니죠. 펜은 그냥 펜일 뿐이니까요. 강한 건 펜이 아니라 그 펜으로 쓰는 단어들이죠. 단어야말로 인류가 만들어낸 가장 강력한 발명품이에요."

벤은 잠시 생각하더니 말했다.

"잠깐만요. 어제는 더 적게 말할수록 영향력이 더 커

진다고 하셨잖아요."

엘르가 안경을 밀어 올리면서 벤을 뚫어져라 쳐다보았다.

"제대로 듣고 있었군요. 인상적이에요."

벤의 얼굴이 또다시 빨개졌다. 그는 속으로 이렇게 생각했다. '이런, 여학생처럼 얼굴을 붉히고 있잖아.'

"질문 하나 더 해도 될까요?"

엘르가 말을 이었다.

벤은 고개를 끄덕였다.

"사람들에게 영향을 미친다고 할 때, 실제로 어떤 식으로 이뤄지나요? 그러니까, 영향력이란 무엇인가요?"

"영향력이요? 음…."

벤은 명확한 정의를 떠올리려 애썼다.

"제가 원하는 바를 사람들이 하게 만드는 능력?"

엘르는 미간을 찌푸렸다.

"아니요, 제 말은 영향력이란 무엇이냐는 거예요. 무엇으로 **이루어져** 있죠?"

벤은 어디서부터 시작해야 할지조차 알 수 없었다. 그

는 난감한 표정으로 클레어를 슬쩍 쳐다보았다. 그녀의 얼굴엔 참았던 웃음이 번지고 있었다. 도움을 기대하기는 어려웠다.

"포기할게요."

그는 엘르 이모에게 말했다.

"음, **영향력이라는 단어는 말이죠, 보이지 않는 힘의 흐름**을 뜻해요."

엘르는 열정적으로 몸을 앞으로 내밀며 설명했다.

"믿거나 말거나, 이 단어는 중세 시대에 점성술 용어로 처음 사용되었어요. **별에서 흘러나와 한 사람의 성격이나 운명에 작용하는 에테르적인 힘을 뜻하는 고대 프랑스어에서** 유래했죠. 상상이 되나요!

15세기에 이르러서는 **인간에 의해 행사되는 개인적인 힘을** 의미하게 되었어요. 말하자면, 우리가 어떻게 서로를 끌어당기는 힘을 행사하는지 설명하죠. 별들처럼요."

"그렇군요…."

벤은 그녀가 무슨 말을 하려는 건지 도무지 감을 잡을 수 없었다.

“그러니까 영향력은 **흐름**이에요. 공기나 강물의 흐름처럼요. 참고로 ‘**영향력**influence’과 ‘**흐름**flow’은 어원이 같아요. 그 흐름을 만드는 것은 무엇일까요? 물이 아래로 흐를 때, 물을 밀어내는 어떤 힘이 있나요?”

“물을 밀어낸다고요?”

벤은 잠시 생각한 뒤 대답했다.

“아니요, 중력 때문에 아래로 흐르는 거죠.”

엘르는 진지하게 고개를 끄덕였다.

“바로 그거예요. 이렇게 생각해봅시다. 평범한 창문형 선풍기가 있고 그걸로 방 안에 공기를 밀어넣는다면 바람이 얼마나 멀리 갈 수 있을까요?”

벤은 그녀가 묘사하는 장면을 떠올렸다.

“그렇게 멀리까지는 가닿지 못할 거예요.”

“맞아요. 전혀 멀리 가지 못하죠. 하지만 선풍기를 반대로 돌려 밖으로 바람을 내보낸다면 어떨까요? 반대편에 창문 하나만 열어두어도 수백 미터 떨어진 공기 기둥까지 **끌어당길 수 있어요.** 이렇게도 생각할 수 있어요. 밧줄을 얼마나 멀리 밀어낼 수 있나요?”

벤은 또다시 길을 잃은 듯했다.

"이해가 되나요? 그게 바로 영향력을 이루고 있는 거예요. 그게 바로 중력이 하는 일이죠. 그게 바로 별이 하는 일이에요. 그들은 **끌어당기죠.** 그렇기 때문에 사람들에게 얼마나 많이 **밀어붙일 수 있는지**가 아니라 얼마나 **끌어당길 수 있는지**를 고민해야 하는 거예요. 영향력의 본질은 끌어당기는 거예요. 밀어내는 것이 아니라."

벤은 엘르가 차를 다 마시는 동안 이에 대해 한참 생각했다. 마침내 그가 말했다.

"그래서 말을 적게 할수록 영향력이 커진다고 하신 거군요?"

엘르는 벤 쪽으로 몸을 돌렸다. 확실하진 않아도 그녀의 입가에 아주 희미하게 번지는 미소를 본 듯했다.

"적중."

그녀가 말했다.

○ ○ ○

엘르 이모가 약속이 있어 택시를 타러 나간 후, 벤이 클레어에게 말했다.

"이모님이 정말 독특하시네."

클레어가 웃었다.

"진짜 이모는 아니야. 그냥 내가 그렇게 부르는 거지. 좋은 친구이자 내 멘토야."

벤은 커피를 마시다 사레가 들 뻔했다.

"너의 **멘토**라고?"

"한창때는 크게 성공한 사업가였어."

클레어가 설명했다.

"**천문학적으로** 성공한 사업가 말이야. 지금은 대부분의 시간을 자선 사업에 쓰셔. 지역 푸드 뱅크와 기아 퇴치 캠페인에 열렬히 참여하시고. 참, 문해력 사업에도. 이모가 열정을 쏟는 건 두 가지야. 사람들이 먹고 읽을 수 있게 하는 것. 한마디로, 배를 채우고 마음을 채우는 거지. 그렇게만 되면 나머지는 저절로 해결된대."

벤은 클레어의 말이 귀에 잘 들어오지 않았다. 조금 전 그녀가 말한 세 단어가 머릿속을 가득 채우고 있었기 때문이다. **천문학적으로 성공한 사업가.**

엘르 이모가 사서일 거라는 예상은 틀린 게 분명했다. 아마 다른 예상들도 틀렸으리라. 그가 만나야 할 사람은 클레어가 아닐지도 모른다. 어쩌면 그녀의 괴짜 이모, 아니, 이상하지만 **천문학적으로 성공한 사업가** 이모일지도. 사실은 진짜 이모도 아니고… 그렇게 괴짜 같지도 않은.

○ ○ ○ ○

그날 밤, 벤은 서재의 작은 책상에 앉아서 멜라니에게 선물받은 노트를 꺼내 첫 페이지를 펼쳤다.

전설적인 리더십을 위한 열쇠

"이제 시작이야."

그는 나지막이 중얼거렸다.

“전설의 시작.”

벤은 영화 〈슈퍼맨〉 주제가의 처음 몇 소절을 흥얼거리며 멜라니가 정성스레 적은 제목 아래 새로운 글을 적어 내려갔다.

첫 번째 열쇠

비전을 붙잡아라.

그는 기대어 앉아 그날 하루를 되짚어보았다. 그러고는 새 페이지를 펼쳐 적기 시작했다.

마음으로 이끌어라.

누구나 비전을 제시할 수 있다. 어려운 것은 그 비전을 **유지하는** 일이다.

사업을 비롯해 **무엇이든** 일구는 것은 믿음의 행위다.

내가 가고 있는 곳을 마음의 눈으로 계속해서 보라. **특히** 어느 누구도 그걸 보지 못할 때.

자신이 어디에서 왔는지 절대 잊지 마라.

그는 잠시 멈추고 아래쪽에 한 줄을 더했다.

인칭대명사 사용에 신중하라.

5장

믿음을 가하는 일

수요일 아침, 벤은 안내 데스크의 젊은 남자에게 어거스틴의 사무실 위치를 물었다. 그는 이렇게 대답했다.

"아마 서비스 부서 어딘가에 계실 거예요. 서비스 부서는 2층부터 7층까지입니다."

"2층부터 7층이요?"

벤은 자신이 제대로 들은 건지 의아했다.

"하지만… 그건 거의 건물 전체잖아요!"

젊은 직원은 싱긋 웃으며 말했다.

"호출해드릴까요?"

벤은 손을 내저으며 안내 데스크에서 돌아섰다.

"괜찮습니다. 제가 찾아볼게요."

벤은 엘리베이터로 향하며 뒤에서 직원들이 소곤대는 소리를 들었다.

"저 사람이 우리 회사가 그렇게 훌륭하다고 말한 자야. 그런데…."

벤은 모두가 면전에서는 정중하게 대하지만 그 저변에는 깊은 의심의 물결이 흐르고 있음을 알아챘다.

그는 올라가는 버튼을 눌렀다. 하지만 엘리베이터 문이 열리기도 전에 어거스틴이 복도를 가로질러 쿵쿵거리며 그를 향해 걸어왔다.

"이봐! 기업 사냥꾼, 오늘 아침 기분은 어떠신가!"

"엇…."

뭐라 대답해야 할지 미처 생각도 못 한 채 벤은 커다란 곰이 하는 듯한 포옹에 휩싸였다.

띵! 엘리베이터 문이 활짝 열렸다. 어거스틴은 벤을 끌어당겨 엘리베이터에 함께 타고는 2층을 눌렀다.

"자, 갑시다. 작업 현장을 보여드리지요!"

형제는 여러모로 극명하게 달랐다. 앨런은 사색에 젖은 듯한 부드러운 말투에 다소 내성적인 반면에 어거스틴은 어느 누구보다도 따뜻하고 열정이 넘쳤다.

조명이 밝게 비추는 2층 본관 복도를 걸어가던 중 벤은 사진들로 장식된 벽을 보았다. 다양한 가족 행사를 담은 사진이었다. 아담한 규모의 소풍에서 수십 명이 모인 대형 파티까지 각양각색이었다.

복도는 넓은 현관으로 이어졌다. 사진 전시는 계속되었다. 이젠 벽마다 각기 다른 주제로 꾸며져 있었다. 어거스틴은 함께 걸으며 하나하나 설명해주었다.

전부 결혼사진뿐인 벽이 있는가 하면 아이들 사진으로 도배된 벽도 있었다. 또 다른 벽에는 동물 사진만 있었는데, 사진마다 크레파스, 잉크, 연필, 물감으로 이름이 쓰여 있었다. 색분필로 조심스럽게 이름을 쓰고 번지는 것을 막으려 유리 액자에 넣어둔 사진도 있었다. 어거스틴은 아이들이 정성껏 반려동물의 이름을 적은 것이라고 뿌듯해하며 말했다.

"직원들의 스크랩북을 본 소감이 어떤가요?"

"정말… 대단하네요."

벤은 이렇게 대답할 수밖에 없었다. 마치 미술관을 거니는 기분이었다. 삶의 일상들을 담아둔 미술관.

"정말 고객 서비스 부서가 여섯 개 층을 다 쓰나요?"

"그냥 **서비스** 부서라고 합니다. 우리는 고객, 직원과 그 가족, 지역 주민을 구분하지 않아요…. 전부 서비스 대상입니다."

어거스틴은 넓게 개방된 공간으로 이어지는 문 앞으로 벤을 안내했다. 분해되거나 파손된 의자와 부품들로 작업대가 가득 채워져 있었다.

"이곳은 수리 부서입니다. 물론 서비스 부서의 일부죠. 앨런 앤드 어거스틴 의자는 품질을 평생 보증합니다. 의자가 부러지거나 흔들릴 때 이곳으로 보내주기만 하면 되죠. 배송비도 회사에서 부담합니다. 수리가 끝나면 고객에게 다시 보내는데, 비용은 받지 않습니다."

벤은 앨런 앤드 어거스틴의 유명한 품질 보증 제도에 대해서 잘 알고 있었다.

“그러니까 망하죠”라고 말하고 싶었지만 꾹 참았다.

“미친 짓 같죠?

어거스틴이 웃으며 말했다.

“압니다. 처음 이 제도를 도입했을 때 다들 그렇게 말했거든요. 그게 28년 전이었어요. 하지만 이제 다들 우리를 따라 하고 있어요.”

어거스틴의 즉흥 투어는 계속되었다. 이번엔 직원용 체육관 및 탁구대가 있는 3층(“이곳은 경쟁이 치열합니다”라고 어거스틴이 진지하게 말했다) 그리고 직원용 주방(여기선 창의적인 활동이 많이 일어난다고 한다) 및 어린이집이 있는 4층을 둘러보았다.

“안녕, 에이미!”

어거스틴은 엘리베이터로 돌아가는 길에 어린이집을 지나치며 외쳤다.

그의 인사에 임신으로 배가 크게 부른 여성이 말없이 손을 흔들어 답했다. 그녀는 큰 의자에 앉아 주위에 모인 아이들에게 책을 읽어주고 있었다. 아이들은 다들 넋을 잃고 이야기를 듣고 있었다.

"다들 이곳을 정말 사랑하는 것 같네요."

5층으로 향하며 벤이 말했다.

"이들이 곧 이 장소나 다름없습니다."

어거스틴이 답했다.

"사람들 대부분은 앨런 앤드 어거스틴이 의자를 만든다고 생각하죠. 틀린 말은 아닙니다만, 우리가 정말 만드는 것은 사람이에요."

세 개 층을 지나온 후, 벤은 마음속에서 계속 맴돌던 질문을 던지기로 했다.

"그래서 사무실은 정확히 어디에 **있나요?**"

어거스틴이 웃었다.

"글쎄요. 그거 좋은 질문이네요. 지금 그 안을 걷고 있다고 할 수 있겠군요."

벤은 당혹스러운 표정을 지었다.

"**엄밀히 말해서** 저는 사무실이 따로 없습니다. 대체로 이 여섯 층을 이리저리 돌아다니면서 시간을 보내죠."

어거스틴은 책상과 의자, 테이블, 칸막이 들이 흩어져 있는 곳으로 다가갔다. 칸막이마다 녹색 영역이 크게 표시된 수십 개의 지도가 압정으로 고정되어 있었다.

"엄밀히 말해서 사무실이 없다고요?"

이 지휘 본부 중심부에 앉아 있던 여성이 약간 곤란한 표정으로 전화를 끊더니 말했다.

"엄밀히 말해서 집도 없어요! 정말이지, 잠도 여기서 잔다니까요."

어거스틴은 어깨를 으쓱하며 난처한 미소를 지었다.

"아주 가끔."

"안녕하세요. 벤이죠?"

여성이 손을 내밀며 말했다.

"전 애니라고 해요."

그녀는 어거스틴을 바라보았다.

"그리고 저 그만둬요."

그녀의 무표정이 너무나 완벽해서 벤은 숨이 멎는 듯했다. 하지만 어거스틴의 미소를 보고 나서야 농담이라는 것을 깨달았다.

"그래요, 그래."

어거스틴이 고개를 끄덕이며 말했다.

"인사부에 전해둘게. 그래서 진행 상황은 어때요?"

그 순간, 책상 위에 다른 전화기가 울렸다.

"잠깐만요."

애니는 수화기를 들고 말했다.

"여보세요?"

전화를 받는 동안 그녀는 어거스틴을 지친 눈빛으로 바라보며 천천히 고개를 저었다.

"알겠습니다."

애니는 수화기에 대고 한숨을 쉬었다.

"네, 나중에 알려주세요."

그러고는 어거스틴에게 말했다.

"좋지 않아요. 가능한 선에서 단서를 추적 중인데 아직 연락이 안 되네요."

애니가 다른 직원과 이야기하려고 돌아서자 어거스틴이 벤에게 상황을 설명해주었다.

대량 주문 제작 프로젝트를 완수하는 데 필요한 희귀 경목을 선적한 화물이 수입 규정상의 문제 때문에("다 정치 때문이지!" 어거스틴이 코웃음을 쳤다) 입항이 거부되어 원산지였던 아시아 어딘가로 다시 향하고 있다고 했다.

애니가 끼어들었다.

"이 주문을 처리하지 못하면 정말 타격이 클 거예요."

"지금 당신이 처리하고 있잖아요, 애니."

벤과 엘리베이터를 향해 다시 걸어가면서 어거스틴이 덧붙였다.

"이 문제가 해결될지는 모르겠지만 한 가지는 확실합니다. 방법을 찾을 수 있는 사람이 있다면 그건 바로 애니예요. 제가 만난 사람 중 가장 수완이 좋거든요."

벤은 애니가 돌아서서 다시 전화기를 집어 들 때 얼굴에 스치는 짧은 미소를 얼핏 보았다. 그 말을 들은 것이 분명했다. 어거스틴이 일부러 그렇게 말한 게 아닐까 하는 생각이 들었다.

"우리가 국내산 목재로 작업하는 것을 훨씬 더 선호하는 이유 중 하나입니다. 하지만 요즘에는 까다롭게 따질 여유가 없어요. 고객이 원하는 건 뭐든 제공해야죠."

바로 그 순간, 애니의 책상 주위에 모여 있던 직원들 사이에 큰 환호성이 터져 나오더니 박수 소리가 들렸다.

어거스틴이 활짝 웃으며 그들을 바라보았다.

"제 짐작이 틀리지 않았다면 애니가 방금 또다시 해냈나 보군요."

과연 그랬다. 애니가 추적하던 문제의 실마리가 마침내 풀린 것이었다. 그녀는 몇 개 주 떨어진 곳에서 고급 주택 건축업자를 찾아냈다. 저택 수리 작업이 취소되는 바람에 그가 처분하려던 재고 중에는 어거스틴이 찾던 희귀 목재도 포함되어 있었다.

어거스틴이 말했다.

"살았네요."

잠시 후, 조용히 엘리베이터 쪽으로 향하다가 어거스틴이 덧붙였다.

"적어도 오늘은요."

벤은 지금이야말로 유리한 고지를 점하여 제안하기에 완벽한 순간임을 알아차렸다. 어거스틴은 잘 알고 있었다. 회사가 재정적으로 얼마나 궁지에 몰렸는지를.

그것이 결국 벤이 여기 온 이유였다.

벤이 운을 떼려던 순간, 엘르 이모의 말이 떠올랐다.

'끌어당기세요. 밀지 말고.'

벤은 다시 입을 닫았다. 다음 층으로 올라가기 위해 엘리베이터에 타면서 어거스틴에게 물었다.

"그러니까… 애니는, 와! 정말 황금 같은 인재네요. 어디서 찾으셨나요?"

어거스틴이 빙긋 웃었다.

"애니가 여기 처음 왔을 때는 두 아이를 먹여 살려야 하는 싱글 맘이었어요. 대학을 끝까지 마치지도 못했고 내세울 만한 기술도 없었죠."

어거스틴은 경이로운 표정으로 고개를 저었다.

"하지만 그녀에겐 놓칠 수 없는 한 가지가 있었어요. 바로 **공감** 능력이죠. 그녀와 말할 때면 다들 자기 얘기를 진심으로 들어줬다고 느끼거든요. 무슨 말인지 아시죠?"

벤은 정확하게 이해했다. 멜라니도 그랬기 때문이다. 멜라니는 벤의 말 한마디에 주의를 기울일 뿐만 아니라 단어 **너머의** 의미까지 헤아리는 것처럼 느껴졌다. 스스로 제대로 표현하지 못한다고 생각할 때조차 그녀는 그의 말을 이해하는 것 같았다.

“그래서….”

어거스틴이 계속 말을 이었다.

“애니를 전화 업무에 배치했죠. 그녀는 훌륭히 해냈습니다. 모두가 그녀를 좋아했어요. 몇 년 뒤에 조달팀을 이끌 사람이 필요했어요. 그래서 그녀에게 제안했죠.”

“잠시만요. 자재를 조달하는 팀을 운영하라고 했다고요? 그녀에겐 이렇다 할 기술이 없다고 하셨잖아요. **전무하다고요.** 그사이에 무슨 일이 있었던 건가요?”

6층에 도착하자 어거스틴은 엘리베이터에서 내려 벤을 돌아보았다. 질문에 대해 곰곰이 생각하는 듯했다.

“무슨 일이라… 글쎄요…. 생각해보니 그녀 자신은 보지 못한 무언가를 제가 본 것 같군요. 영국의 총리였던 윈스턴 처칠Winston Churchill은 이렇게 말했다죠. ‘상대방이 미덕을 갖추도록 하는 가장 좋은 방법은 그 자신이 미덕을 갖추었다고 여기게 만드는 것이다.’ 이 경우엔 그녀가 되겠네요.”

어거스틴은 고개를 저으며 웃었다.

“정말 **마음에** 들어요. 사람들에게 좋은 목표, 이를테면

위대한 목표를 제시하면 대개 그 목표를 달성해내거든요. 사실 기대를 넘어서기도 하죠."

벤의 얼굴에 스친 회의적인 표정을 알아챈 어거스틴은 호쾌하게 웃더니 벤의 팔을 잡아당기며 말했다.

"잠깐 이쪽으로 와보세요."

그는 돌아서서 벽을 따라 늘어선 넓은 원목 벤치 중 하나에 앉더니 벤에게도 앉기를 권했다.

"우리 제품의 색상에 대해서 알고 있나요?

벤은 이미 눈치챘지만 별다른 생각 없이 지나쳤다. 벤치 시트는 휘황찬란한 색의 실과 리본으로 가득했다. 주황색과 빨간색, 황갈색과 초록색, 노란색의 조합이 버몬트의 가을 풍경을 연상시켰다. 정말 아름다웠다.

"10월의 뉴잉글랜드를 보는 것 같군요!"

벤은 갑자기 궁금해졌다.

"그런데 어떻게 이런 색을 낼 수 있나요? 페인트는 아닌 것 같은데… 염료 같은 건가요?"

어거스틴이 활짝 웃었다.

"아니요, 우리는 목재를 염색하거나 착색하지 않습니

다. 페인트칠도 절대 안 합니다. 유기용매도, 화학물질도 쓰지 않아요. 목재를 보호하기 위해 투명 바니시만 칠합니다. 그게 다예요. 물론 특허까지 받은 비밀 공정이 있죠. 이 색을 어떻게 내는지 누구도 맞추지 못할 겁니다.”

벤은 고개를 저었다. 전혀 감이 오지 않았다. 어거스틴은 광택이 나는 판자를 손으로 쓸어내렸다.

“앨런이 화재 사건을 이야기했나요?”

벤은 고개를 끄덕였다.

“믿을 수 없는 일이었어요. 모든 걸 잃었다고요.”

어거스틴이 생각에 잠긴 표정을 지었다.

“어떤 면에서는 잃었고… 또 어떤 면에서는 얻었죠.”

그는 잠시 생각하더니 거의 혼잣말하듯 조용히 말을 이어갔다.

“항상 그렇지 않던가요? 소중한 것을 잃은 뒤 결코 회복할 수 없을 거라고 생각하지만… 그런 순간에도 눈을 뜨고 마음을 열고 있으면 그 상실이 오히려 큰 가치를 지닌 다른 무언가를 위한 자리를 마련해주었다는 걸 깨닫게 되죠. 잃지 않았다면 절대 얻지 못했을 무언가를.”

소중한 것을 잃는다는 게 어떤 의미인지 벤도 잘 알고 있었다. 하지만 그게 좋은 작용도 한다는 건 전혀 이해할 수 없었다.

어거스틴이 사색하듯 흘린 말이라 대답을 바라는 건지도 확실하지 않았다. 벤은 물었다.

"그러니까, 그 화재가 어떤 **긍정적인** 결과를 불러왔다는 말인가요?"

어거스틴이 웃으며 말했다.

"화재 다음 날, 타다 남은 잔해를 뒤지다가 뭔가를 발견했어요. 큼직하게 자른 거친 단풍나무 판자 몇 개가 타지 않고 남아 있더군요. 소방서에서 물을 뿌렸을 때 엄청난 증기에 흠뻑 젖어 있었던 겁니다. 불길엔 휩싸이지 않은 대신 색이 폭발했죠."

이후 그들은 실험에 뛰어들었고 마침내 가공 처리되지 않은 원목 판자를 가열해서 목재의 천연 당분을 끌어올리는 방법을 고안해냈다.

"일종의 캐러멜화 같은 거죠. 나무를 요리한다고나 할까요."

이 과정을 제대로만 거치면 나무 자체의 자연스러운 색조와 음영이 드러났다. 다양한 나무를 가지고 가열 온도와 시간을 달리 적용하면서 그들은 경이로운 천연색의 스펙트럼을 개발해냈다.

"그러니까 저 놀라운 색들이 나무 **안에서 나오는** 겁니다. 원래 있던 바로 그곳에서요."

그는 애니의 자리가 있는 쪽으로 고개를 기울였다.

"애니도 비슷하다고 볼 수 있죠. 사람들에게는 저마다 놀라운 자질과 타고난 능력이 잠재되어 있어요. 나무의 경우, 열을 얼마나 어떻게 가하는지 알아내는 게 중요하죠. 사람의 경우엔 **믿음**을 가하는 과정이 중요합니다."

어거스틴은 벤을 바라보았다.

"며칠 전, 당신은 우리 회사가 이 도시의 위대한 성공 사례 중 하나라고 했어요. **바로 거기**에 우리의 성공을 위한 열쇠가 있습니다. 전략과 계획, 예측과 로드맵 같은 것들은 무슨 일이 **일어나게** 하지 않습니다. 뭔가 이루려고 한다면 사람들을 움직여야 합니다."

그는 가슴에 손을 올리고 심장 근처를 몇 번 쿵쿵 두드렸다.

"그리고 그건 여기서 시작되죠."

벤은 자신의 기회가 왔음을 포착하고 고개를 끄덕였다. 준비 단계는 끝났다. 이제 본론으로 들어갈 때다. 주도권을 잡아야 하는 것이다.

"제가 이곳에 온 이유와도 잘 맞아떨어지네요. 현 상황에 대해 잠시 얘기해도 괜찮을까요?"

"물론이죠."

어거스틴이 대답했다.

벤은 판자의 색채에 감탄하며 어거스틴이 했던 것처럼 매끄러운 판자를 손으로 쓰다듬었다.

"여러분이 놀라운 일을 하고 있다는 건 누가 봐도 명백해요. 하지만… 힘든 싸움을 하고 있다는 것도 분명합니다. 솔직히 말해서 다음 주 월요일에 찬성표를 던져야만 앨런 앤드 어거스틴에도 완전히 새로운 장이 열릴 수 있다고 생각합니다."

벤은 합병에 대한 자신의 주장을 펼쳐나갔다. 어거스틴은 고개를 끄덕이며 경청했다. 벤이 말을 끝낼 때까지

한마디도 하지 않았다. 그는 천천히 다시 한번 고개를 끄덕이고는 벤의 어깨에 손을 올렸다.

"처음 사업을 시작했을 땐 앨런과 저 둘뿐이었어요. 그리고 친구 몇 명 정도 더 있었죠. 저기 버려진 교회에서 시작했어요. 위층에서 우리의 첫 의자를 봤나요?"

벤이 고개를 끄덕였다.

"그 의자를 교회 의자에서 나온 목재로 만들었다는 것도 알고 있나요? 우리가 처음 만든 의자 수십 개는 우리 사무실을 뜯어내서 만들었죠."

그는 고개를 저으며 싱긋 웃었다.

"그리고 화재가 우리를 위해 일을 마무리해줬어요. 놀랍지 않나요."

어거스틴은 일어서더니 엘리베이터의 하강 버튼을 눌렀다. 벤은 사내 투어가 끝났음을 직감했다.

"말했다시피 그때 우리는 몇 명 되지 않았어요. 하지만 지금은 500명가량 됩니다. 500명요. 저는 단 한 명의 직원도 **해고**한 적이 없습니다. **정리 해고**나 **감축** 같은 말은 우리 사전에 없습니다. 이제 와서 들일 생각도 없어요.

전 당신이 마음에 들어요, 벤. 하지만 저는 순진한 사람은 아닙니다. 당신네가 우리 회사를 사들이면 그다음에 무슨 일이 일어날지 우리 둘 다 알고 있잖아요. 직원의 절반은 마치 여분의 부품들처럼 사라지게 될 겁니다. 어쩌면 절반 이상일 수도 있겠죠. 나는 그런 일이 일어나도록 좌시하고 있지는 않을 겁니다.”

벤이 항변하려 했지만 어거스틴은 손을 들어 그를 제지했다.

“그래요. 당신도 당신의 일을 해야 하겠죠. 존중해요. 나에게도 나의 일이 있습니다. 그리고 나의 일은….”

그는 6층 복도와 탁 트인 사무 공간을 향해 고개를 끄덕였다. 수십 명의 앨런 앤드 어거스틴 직원들이 자사의 멋진 의자를 구매한 전국 각지의 고객들과 전화로 상담하고 있었다.

“곧 그들의 일입니다.”

6장

힘의 언어

지배인 살 씨는 '그들의' 지정석으로 벤을 안내했다. 당연하게도 두 여성은 이미 그곳에 와 있었다.

벤의 마음은 상충하는 생각과 감정들로 뒤죽박죽이었다. 한편으로는 엘르 이모의 사업 경험에 대한 호기심도 크게 일었다. 주식 시장에서 수백만 달러를 벌었을까? 엄청나게 성공한 부동산 투기꾼이었을까?

벤은 어거스틴과 나눈 말을 머릿속으로 정리해보았다. 그러고는 다음 주 월요일에 **찬성표를** 확보하겠다는 목표에 전혀 다가가지 못했다는 생각이 들어 완전한 패배감에 사로잡혔다.

벤은 식당을 가로질러 클레어와 엘르 이모에게 걸어갔다. 그리고 생각에 잠긴 나머지, 근처 테이블에 앉아 있던 덩치 큰 남자가 손에 커피를 든 채 의자를 뒤로 밀어내며 갑자기 일어나서 벤의 앞을 막아버린 것을 전혀 알아채지 못했다.

두 남자는 리허설이라도 한 듯 완벽하게 부딪혔고, 건장한 남자는 의자에 주저앉으며 커피를 식탁보에 쏟았다. 커피가 그의 재킷 소매를 타고 흘러내렸다.

"이봐요!"

덩치 큰 남자가 벌떡 일어나며 소리쳤다.

"앞을 보고 다녀야지!"

"저요? 저는 그냥 제 길을 가고 있었어요."

벤이 불쑥 내뱉었다. 덩치 큰 남자는 그에게 달려들 태세로 벤의 부주의함을 질책하며 자신의 옷이 더러워진 데 큰 소리로 항의했다. 벤은 화끈거리는 얼굴로 변호를 이어가려 했다.

"실례합니다."

거센 비난이 갑자기 멈췄다. 벤은 엘르 이모가 그 남자 앞에 서서 물에 적신 냅킨을 내미는 모습에 깜짝 놀랐다. 도대체 어떻게 그리 빠르게 온 거지?

그녀는 차분하게 말했다.

"정말 죄송합니다. 전적으로 제 잘못이에요. 제가 저분의 주의를 산만하게 한 것 같거든요. 세탁비를 제가 드려도 될까요?"

덩치 큰 남자는 마른 땅 위에서 펄떡거리는 물고기처럼 턱을 한두 번 움직이더니 엘르가 내민 냅킨을 받아 소매를 닦기 시작했다.

"아닙니다. …그리 심하진 않네요."

사실이었다. 커피가 소매에 조금 묻었을 뿐, 세탁하면 금세 지워지는 정도의 얼룩이었다.

남자는 벤에게 퉁명스럽게 사과하고 (덜 퉁명스럽게) 엘르에게도 사과한 뒤 식당을 떠났다. 벤이 엘르 이모를 따라 테이블로 돌아오니 클레어가 재미있다는 표정으로 그들을 기다리고 있었다.

“감사합니다!”

자리에 앉자마자 벤이 말했다.

“덕분에 살았어요. 그 남자가 저를 멀리 날려버릴 줄 알았다니까요!”

“그는 반응했을 뿐이에요. 저는 대응했고요. 엄청난 차이가 있죠.”

엘르가 말했다.

“정말 그렇네요.”

클레어가 동의했다.

“협상을 망치는 건….”

엘르는 자리에 편히 앉아 무릎 위에 냅킨을 펴며 말을 이어갔다.

“참가자 중 한 명이 반응할 때죠. 반응하는 대신 대응하는 사람이 더 많았다면 아마 세상은….”

엘르는 이내 벤이 자신을 가만히 관찰하고 있음을 알아챘다.

“네?”

벤은 웃음을 참으며 말했다.

"이모님은 양보하셨네요."

"뭐라고요?"

엘르가 반문했다.

"그렇게 말씀하셨잖아요. 더 많이 양보할수록 더 큰 힘을 가지게 된다고. 그게 저 남자가 고래고래 소리 지르는 걸 멈추게 한 방법이네요. 양보를 통해서요."

엘르는 잠시 벤을 바라보더니 클레어 쪽으로 고개를 돌렸다.

"봤지? 이 친구는 귀를 기울이는구나. 적어도 가끔씩은. 희망적이야."

벤은 뺨이 살짝 달아오르는 걸 느꼈다. 그리고 엘르 이모의 눈가와 입가에 생긴 미세한 주름을 발견했다.

그는 한숨을 쉬었다.

"저는 반응하고 있었네요."

클레어가 폭소를 터트렸다.

엘르는 벤 쪽으로 고개를 살짝 기울였다.

"장난친 거예요."

엘르가 고상한 표정으로 말했다.

"흔히 하는 말로… **약 올린다고** 하나요. 하지만 제 말에 **귀 기울였다는 건** 진심이에요."

엘르가 덧붙였다.

"진심이에요."

"감사합니다."

벤이 대답했다.

"이모님은 거짓말을 하셨고요."

클레어가 샐러드를 먹다가 목이 멨다.

"네?"

엘르가 다시 물었다.

"그러니까, 그 남자한테 이모님이 제 주의를 **산만하게** 한 것 같다고 하셨잖아요. 하지만 그러지 않으셨죠. 알고 계시잖아요."

"아, 그거요."

엘르는 한 손을 대충 흔들며 말했다.

"뭐, 그럴 수도 있었겠죠. 아리스토텔레스가 이렇게 말했다죠. '대상의 본질이 허용하는 정확성의 수준에 만족하며, 근사치만 가능한 곳에서 정확성을 추구하지 않는 것이 교육받은 정신의 상징이다'라고요."

"물론이죠."

벤은 최대한 진지한 표정으로 대답했다.

"요전번에 아내에게 딱 그 얘기를 했거든요."

엘르가 한쪽 눈썹을 치켜올렸다.

그때 웨이터가 주문을 받으러 왔다. 쏟아진 커피를 치우고 성난 손님을 상대했던 그 젊은 웨이터였다. 벤이 사과하자 그는 대수롭지 않다는 듯 **"별일 아닙니다"** 하고 정중하게 말했다. 하지만 그가 스트레스에 시달리는 모습이 역력했다. 오늘은 식당이 **만석**이었다.

"정확성 얘기가 나왔으니 말인데, 이모님 말씀을 계속 생각해봤어요."

벤이 말했다.

"그런데 실전에 어떻게 적용할지를 모르겠어요. 그러니까, 실생활에서요. 제가 보기엔 **양보한다는 건** 가질 수 있는 이점까지도 포기하는 것 같아요. 굴복하는 거죠. 싸워보지도 않고 '**당신이 이겼다. 나는 포기한다**'라고 말하는 식이에요."

엘르는 잠시 생각에 잠겼다.

"오늘 미팅이 어땠는지 물어봐도 될까요?"

벤은 한숨을 쉬었다.

"잘되진 않았어요. 회사를 둘러보고 사람들도 만나면서 나름대로 최선을 다했는데 보기 좋게 거절당했죠."

엘르가 고개를 끄덕였다.

"미팅에 임할 때 '적과 교전한다'고 생각한 적 있어요? 중세 기사들처럼 전투에 나가기 전에 갑옷을 차려입는 마음이랄까?"

벤은 인정할 수밖에 없었다. 정확하게 그랬다.

"자."

엘르는 벤을 향해 한 손을 들어 올렸다.

"손을 올려봐요."

벤은 시키는 대로 했다. 엘르는 자신의 손을 벤의 손에 얹고 눌렀다. 그녀의 힘이 놀랄 만큼 세서 견디는 데 애를 먹었다.

"자."

엘르가 손을 내리며 말했다.

"좋아요…."

벤은 설명을 기다렸다.

"제가 손을 눌렀을 때 왜 밀어냈나요?"

벤은 그 질문에 답이 없다는 사실을 깨닫고 놀랐다.

"모르겠어요… 그냥 그랬어요."

"그럼 우리 손이 함께 **움직였나요?**"

"함께 움직였나요? 꼼짝도 하지 않았어요."

엘르가 고개를 끄덕였다.

"정확해요. 그걸 성공적인 협상으로 볼 수 있나요?"

벤은 인상을 찌푸렸다.

"그럼 올바른 방법은 뭔가요? 상대가 밀면 그냥 포기해야 하나요?"

"양보한다는 건 주는 거예요. 하지만 **포기하는 건** 아니죠. 둘은 매우 달라요. 예를 들어보죠."

엘르가 입술을 오므렸다.

"한번은 에이브러햄 링컨Abraham Lincoln이 어떤 기자로부터 정부 관료 한 명이 그를 신랄하게 비판했다는 말을 들었어요. 그러자 링컨 대통령은 이렇게 대답했어요. '나는 그를 매우 존경하오. 만약 그가 나에 대해 걱정하는 바가 있다면, 거기엔 틀림없이 어떤 진실이 있을 것이오.'

그 사람이 링컨을 헐뜯었던 건 링컨을 소모적인 논쟁에 끌어들여서 다른 업무에 집중하지 못하게 하려는 의도였어요. 하지만 링컨 대통령의 대답은 그의 비판을 무력화했을 뿐만 아니라 아군과 적군 모두의 마음을 사로잡았죠. 그리고 링컨 대통령이 당면한 중요한 문제들에 계속해서 집중할 수 있도록 했어요. 이른바 권투선수들이 '패리parry'라고 부르는 수법이죠."

엘르가 이렇게 마무리했다.

"권투선수들이…."

벤은 그 말을 따라 했다. 엘르 이모가 권투 경기장 링 사이드에 있는 모습을 상상해봤지만 실패했다.

"아들이 한때 제법 괜찮은 권투선수였거든요."

그녀가 말했다.

"권투 경기에서 선수가 잽을 날릴 때, 그러니까 왼손으로 쭉 직선 펀치를 날릴 때…."

엘르는 이렇게 말하며 왼손을 똑바로 쭉 뻗어 시범을

보였다.

"상대는 펀치가 거의 닿을 때까지 기다렸다가 오른쪽 손목을 아주 살짝만 움직여서 그걸 튕겨낼 수 있어요. 놀라운 사실은 상대의 펀치가 셀수록 그걸 막는 데 더 적은 힘이 든다는 거죠. 링컨이 한 일도 바로 이거예요.

그러니까 '당신이 이겼다'라고 말하는 거예요. 하지만 **'당신이 이겼다'**가 **'내가 졌다'**를 의미하진 않아요. 오히려 정반대죠. 상대가 이기게 하는 것이 나의 승리를 위한 시작인 거죠."

엘르는 이렇게 설명했다.

벤은 한참을 생각하더니 천천히 고개를 저었다.

"무슨 말씀인지 대충은 알겠어요. 하지만 납득이 되진 않아요."

클레어가 웃음을 터트렸다. 벤은 어두운 표정으로 클레어를 바라보았다.

"내가 뭔가 웃긴 소리라도 한 건가?"

"으음…."

"방금 네가 엘르 이모가 아직 너를 **때려눕히지 못했다**고 말했잖아."

벤은 속수무책으로 엘르 이모를 돌아보았다.

"제가 그런 말을 했나요?"

엘르는 확실히 즐거워 보였다.

"'납득한다convince'는 말은 논쟁으로 압도시킨다는 뜻이죠. '정복conquer'을 뜻하는 라틴어에서 유래된 말이에요. 이런 말 알아요? 강제로 설득당한 사람은….."

"여전히 같은 의견을 가지고 있다."

벤이 말했다.

"정확해요. 누군가가 설득된다는 건, 결국 논쟁을 통해 정복당하고 굴복되는 것인데, 그게 자신의 의지에 반하지 않고 가능할까요? 말하자면, 당신 말이 맞아요. 양보한다는 건 당신의 힘을 내어주는 것이니까요. 하지만 더 많이 내어줄수록 더 많이 가지게 돼요."

벤은 다 들릴 정도로 크게 신음을 내며 말했다.

"죄송한데 이해가 안 돼요. 모순 같거든요. 여전히 제 생각엔, 힘을 내주면 사람들이 짓밟을 것 같아요."

엘르는 못마땅한 표정으로 벤을 바라보며 '흠' 하는 소리를 냈다.

마침 웨이터가 주문한 음식을 가져왔다. 그들은 먹기 시작했다.

"생선 요리는 어때요?"

엘르가 물었다. 생선이 조금 퍽퍽했지만 그는 고개를 끄덕이며 좋다고 말했다. 엘르는 눈을 가늘게 찌푸리며 말했다.

"정말요? 전 좀 **이상한 것 같아요.**"

엘르는 검지를 세우고 주방 쪽으로 몸을 돌려 외쳤다.

"실례합니다. 마르코?"

벤은 당황했다. 이미 한계에 다다른 불쌍한 웨이터를 꾸짖고 음식을 돌려보내려는 건가?

분주하게 움직이던 젊은 웨이터가 테이블로 왔다.

"네?"

"마르코, 오늘 요리하는 사람이 누구예요?"

"아, 베네데토입니다."

"좋군요."

그녀는 냅킨을 내려놓고 몸을 돌려 마르코를 정면으

로 바라보았다.

"베네데토에게 소스가 너무나 절묘하다고 전해줄래요? 한계를 뛰어넘는 맛이네요."

마르코가 환하게 웃으면서 고개를 끄덕였다.

"물론이죠."

"그리고…."

엘르는 다시 검지를 세워 손을 살짝 들어 올렸다.

"저는 이 특별한 요리에 대해 잘 알지는 못해서요. 구운 송어가 맞나요?"

마르코가 긍정의 뜻으로 고갯짓을 했다.

"그래서 베네데토의 판단에 따르고 싶은데…."

마르코가 몸을 앞으로 숙이며 엘르가 하는 모든 말을 놓치지 않으려 그녀의 눈을 집중해서 바라보았다.

"네…?"

"조금 덜 익혀서 준비해줄 수 있을까요? 조금 더 촉촉하게요. 안 된다고 해도 전적으로 이해합니다. 하지만 가능하다면, 정말 감사하겠어요."

"물론이죠! 즉시 해드리겠습니다!"

마르코는 이미 그들의 접시를 들고 주방으로 향하고 있었다. 그때 엘르가 덧붙였다.

"아, 그리고 마르코?"

"네?"

"베네데토에게 제가 이곳 음식을 정말 좋아하고 값을 치르는 게 큰 기쁨이라고 전해주세요. 이 요리를 계산서에서 제외한다면 정말 화낼 거예요."

마르코는 미소를 지으며 고개를 숙이고는 주방으로 갔다.

엘르는 몸을 돌려 벤을 바라보며 말했다.

"그래서?"

벤은 어리둥절한 얼굴로 그녀를 바라보았다.

"그래서…?"

"그래서 무엇을 관찰했나요?"

벤은 잠시 생각에 잠겼다.

"오."

그의 낯빛이 서서히 밝아졌다. 그녀는 **일부러** 그렇게 한 것이다. **핵심을** 보여주려고.

“듣고 있지 않았군요.”

엘르는 짜증스럽게 말했다.

“아니, 아닙니다!”

벤이 항변했다.

“들었어요. 잠시만요.”

벤은 잠시 생각하더니 말했다.

“우선 소스를 칭찬하는 것으로 시작하셨죠.”

“누구나 잘했다고 인정받는 것을 좋아해요.”

그녀가 동의했다.

“그리고 매우 공손하셨고요.”

그는 생각을 이어가다 덧붙였다.

“반응하지 않고 대응하셨어요.”

그는 다시 한번 생각에 잠기더니 말했다.

“생각해보니 그 사람도 그랬네요.”

“훌륭한 관찰력이군요.”

엘르는 말 그대로 환하게 빛나듯 웃었다.

“만약 제가 반응했다면 마르코도 그랬을 가능성이 높았겠죠. 반응하든 대응하든, 상대방에게도 같은 행동을 촉발하는 경향이 있어요. 누군가에게 도움을 기대한다고 해서 **상대**가 바뀌지 않아요. 나 **자신**을 바꾸는 거죠. 그리고 바로 그것이…."

그녀는 이렇게 덧붙였다.

"**상대**를 변화시켜요. 또 제가 옳다고 고집하기보다 옳은 건 셰프에게 양보했어요. 웨이터에게는 제가 원하는 바를 분명히 알려주고 요청을 들어줄 수 없다고 해도 문제 삼지 않겠다고 했죠."

"그러니까… 모든 권력을 내주신 거네요."

벤이 말했다.

"그래서 그 사람이 저를 마음대로 휘둘렀나요?"

엘르가 물었다.

벤은 두 손을 들어 올리며 항복의 제스처를 취했다. 엘르는 고개를 살짝 기울였다.

"천만에요."

"엘르 이모에겐 그걸 표현하는 말이 있어."

클레어가 말했다. 그리고 엘르가 듣지 못하기라도 하듯 연극 조로 속삭였다.

“당연하게도 말이지.”

벤이 엘르를 바라보았다. 그녀는 고개를 끄덕였다.

“맞아요. 그것이 바로 **요령**의 예시죠.”

요령? 벤은 큰 소리로 웃음이 터지려는 걸 간신히 참았다. 엘르 이모는 지금까지 만난 사람 중 가장 직설적인 사람이라고 생각했다.

엘르 역시 벤의 표정에서 뭔가를 눈치챈 듯 눈가에 웃음을 머금었다.

“오, 알아요. 내가 직설적이긴 하죠. 하지만 **직설적인 것**과 **무례한 것**은 달라요. 때로는 솔직함이 필요해요. 몰지각은 절대 안 돼요. 요령은 타협 같은 게 아니에요. 사실 요령은 **힘의 언어**죠.”

벤은 이에 관해 잠시 생각했다.

“둔하게 굴기는 싫은데요.”

벤은 말문을 열었다.

“요령이 힘의 언어라는 게 정확히 어떤 건가요? 제가 보기엔, 그게, 잘 모르겠지만 뭐랄까….”

“의지박약자의 언어 같다고요?”

엘르는 다시 한번 스핑크스 같은 표정을 지었다. 눈 깜빡하면 놓칠 만큼 미묘한, 거의 미소라 할 수 없는 표정이었다.

"글쎄요. 한번 살펴보죠. '요령 있다tactful'와 '촉각tactile'이라는 말은 모두 **접촉**한다는 뜻의 라틴어에서 나왔어요. 요령 있다는 건 문자 그대로 상대방과 접촉하는 상태를 의미해요. 그리고 누군가를 요령 있게 대하면 상대방이 **온전한 상태**로 남을 수 있게 해줘요. 이건 결국 영향력의 문제로 수렴돼요."

그녀가 덧붙였다.

"궁극적으로 내가 얼마나 **효과적인지**, 얼마나 **영향력 있**는지는 나의 의도에 달려 있어요. 당신은 무엇에 집중하고 있나요? 자신의 이익? 아니면 **상대방의 이익**?

아마 본 적 있을 거예요. 감동적인 이야기로 청중을 열광의 도가니로 몰아넣고 뭔가에 취한 듯한 이들을 기업의 사명을 위해 결집시키는 연설 말이에요…."

벤은 인정할 수밖에 없었다. 그런 연설을 들어본 적이 있었을 뿐만 아니라 직접 그런 연설을 **한 적도 있었다.**

엘르가 계속해서 말했다.

"사람들이 진정으로 원하든 원하지 않든, 내가 원하는 대로 하도록 만드는 것은 그냥 조종일 뿐이에요. 삼류 텔레비전 광고도 그 정도는 할 수 있죠."

벤은 움찔할 뻔했다. 바로 전날, 엘르 이모가 **영향력**이 무엇인지 물었을 때 정확히 그렇게 대답했기 때문이다. 사람들이 **내가 원하는 대로 행동하게 만드는 능력**이라고. 이제 엘르 이모를 충분히 파악했기 때문에 그녀가 이를 기억하고 있으리라는 것도 알았다.

엘르는 말을 이었다.

"사람들이 진정으로 원하는 일을 하게 만드는 것, 그건 성취예요. 나의 좋은 친구가 말하길 '당신의 **영향력**은 타인의 이익을 얼마나 앞세우는지에 따라 결정된다'고 하더군요."

"핀다가 한 말 같은데요."

클레어가 언급했다.

엘르는 고개를 끄덕이며 말했다.

"내가 만난 사람 중 가장 영향력 있는 사람이야."

"잠시만요."

벤이 말했다.

"핀다를 아세요? 그 회장님?"

그는 맥박이 빨라지는 걸 느꼈다. 단순히 '회장'으로만 알려진 그 사람은 비즈니스계의 전설이었다. 세계에서 가장 영향력 있고 성공한 사업가이자 기업 컨설턴트 중 한 명이었다.

"물론이죠. 그래서 제가 클레어를 만나게 됐어요."

이건 너무했다. 벤은 의자를 뒤로 밀치며 짜증스럽게 냅킨을 테이블 위에 내팽개쳤다.

"너도 핀다를 안다고? 그런데도 나한테 말하지 않았던 거야?"

클레어가 웃었다.

"정확히는 아니야. 내 말은, 직접 만난 적은 없어. 우리 사이에 공통의 지인이 있다고 해두자."

벤의 아연실색한 표정을 본 클레어는 덧붙였다.

"다음에 자세히 얘기해줄게. 약속해."

"두 분이 이런 대화를 한다니, 믿을 수가 없네요."

벤이 말했다.

"저의 가장 큰 바람 중 하나예요. 늘 회장님을 만나고 싶었거든요."

바로 그때 마르코가 완벽하게 조리된 새 요리를 가지고 돌아왔다. 베네데토가 직접 쓴 감사 메모와 함께.

그날 밤, 벤은 멜라니가 준 노트를 꺼내 협탁 위에 놓고 지그시 바라보았다.

벤의 선언문

벤은 앉아서 엘르 이모의 질문에 관해 곰곰이 생각했다. 그가 그들에게 **정말로** 줄 수 있는 것은 뭘까? 그는 자신이 답을 알고 있다는 확신이 점점 사라지고 있다는 생각이 들었다. 그러고는 노트 표지를 응시하다가 마술사처럼 노트 위로 손짓하며 중얼거렸다.

"프레스토 선언문!"

벤은 한숨을 쉬었다. 이 작은 노트에서 마법처럼 답이 나타난다면 얼마나 좋을까. 하지만 그럴 리 없다. 안은 텅 빈 백지였다. 그나저나 어거스틴이 뭐라고 했더라?

'기업 사냥꾼, 오늘 아침 기분은 어떠신가?'

자신이 그런 사람인가? 기업 사냥꾼?

벤은 노트를 펴고 전날 밤 첫 페이지에 적어둔 것을 읽어보았다.

전설적인 리더십을 위한 열쇠

첫 번째 열쇠

비전을 붙잡아라.

그는 목록에 한 줄을 추가했다.

두 번째 열쇠

사람을 키워라.

다음 페이지로 넘어가 그는 하루 동안의 생각을 적기 시작했다.

가슴으로 이끌어라.

사람들에게 좋은 목표, **위대한** 목표를 제시하면 대개 그 목표를 달성해낸다.

양보할수록 더 큰 힘을 갖게 된다.

영향력의 본질은 **끌어당기기다. 밀어내기가 아니라.**

요령은 힘의 언어다.

그는 잠시 더 생각하더니 맨 아래에 덧붙였다.

반응하지 말고 **대응**하라.

○ ○ ○

벤은 슬리퍼 소리를 듣기도 전에 멜라니의 인기척을 느꼈다. 잠시 후 그녀의 손이 자신의 어깨에 닿았다.

"안녕."

"왔구나."

"뭐 하고 있어?"

벤은 아내를 향해 노트를 들어 올렸다. 멜라니는 어깨 너머로 그가 써 내려간 글을 읽었다.

"그래서 거기 써둔 게 당신 차 열쇠야?"

그녀가 말했다.

벤은 노트를 내려놓고 일어나서 아내에게 키스했다.

"누구도 잘난 척하는 사람을 좋아하지 않아."

멜라니는 미소 지은 채 그를 더 깊숙이 안고 귓가에 속삭였다.

"걱정하지 마. 우린 괜찮을 거야."

7장

나의 일

목요일 오전에는 1층에서 생산팀의 프랭크와 만나기로 되어 있었다. 벤이 9시 정각에 안내 데스크에 도착하니 통나무처럼 두꺼운 손을 가진 건장한 남자가 그를 기다리고 있었다.

"시간을 내주셔서 감사합…."

벤이 인사를 채 끝내기도 전에 프랭크는 앞치마와 작업용 장갑을 벤의 손에 쥐여주었다.

"어서 와요. 둘러보러 갑시다."

벤은 걸으면서 장비를 착용한 뒤 프랭크를 따라 건물 뒤편의 하역장으로 향했다. 대형 트럭 여러 대에 산처럼 쌓인 목재를 하차하고 있었다.

"좋습니다."

벤이 상냥하게 말했다.

"가볍게 운동하는 걸 좋아하거든요."

프랭크는 그저 헛기침으로만 답했다. 벤은 그가 말수가 적은 사람이라고 생각했다.

그런데 이게 웬걸. '가벼운 몸풀기' 이상이었다. 두 시간 반이 지난 뒤, 마지막 목재 더미를 손수레에 싣고 생산 현장의 탁 트인 공터까지 옮긴 벤은 완전히 녹초가 되어 버렸다.

벤이 앉아서 막 쉬려는 찰나, 프랭크가 그에게 다시 일어서라고 손짓했다.

"이건 꼭 봐야 해요."

그렇게 말하고 성큼 앞서 걸어가는 프랭크를 벤은 허둥대며 종종걸음으로 따라갔다. 1분쯤 걸으니 정교한 컴퓨터 제어식 증기 분사 장치로 둘러싸인 거대한 벽돌 가

마 앞에 도착했다. **목재를 어떻게 요리하는지 직접 목격하는** 순간이었다.

그 과정은 경이로웠다. 벤은 20분 동안 넋을 잃고 지켜본 뒤에야 프랭크의 사무실로 향했다. 벤은 절뚝대는 다리를 들키지 않으려고 안간힘을 써야 했다.

사무실로 가던 중 프랭크는 신입 직원이 참나무로 된 커다란 의자 등받이에 손으로 정교한 무늬를 새기는 모습을 보려고 잠시 걸음을 멈췄다.

"주문 제작품입니다."

프랭크가 설명했다.

"전통 방식이죠. 오직 나무로만 짜맞추는 겁니다. 장부맞춤 방식이죠. 나사와 못 없이 쐐기로만 고정합니다."

오전 내내 프랭크에게서 들은 말 중 가장 긴 문장이라는 생각이 들었다. 아니, 실제로 그랬다.

"한번 보여줄까?"

프랭크는 신입 직원에게 이렇게 말하며 도구를 건네받았다. 제자가 주의 깊게 지켜보는 가운데 프랭크는 길게 이어지는 유려한 곡선으로 소용돌이 문양을 조각하기 시작했다. 햄 덩어리처럼 커다란 프랭크의 주먹이 작은 조각도를 쥐고 섬세한 작업을 이어가는 모습이 인상적이었다. 이상하게도 우아해 보인다는 생각까지 들었다. 마치 벌목꾼이 자수를 놓는 듯했다.

"알겠지?"

프랭크가 조각도를 돌려주며 말했다. 신입 직원은 고개를 끄덕였다.

"고맙습니다."

프랭크는 나지막이 '좋아'라고 중얼거리곤 벤과 함께 작업장을 가로질러 걸어갔다.

"저 아이의 아버지를 제가 가르쳤죠."

프랭크는 걸어가며 말했다.

"저 아이도 잘할 겁니다."

프랭크가 벤을 곁눈질로 슬쩍 보면서 물었다.

"운동 좋아한다고 했죠. 우리 헬스장은 봤나요?"

"네"

벤이 대답했다.

"정말 좋은 아이디어예요. 건물 안에 있으니까 다들

자주 이용하겠어요."

"맞아요. 저도 가보려고 생각만 하고 있죠. 근데 시간이 있어야 말이지. 어쨌든 일하면서 운동하는 셈이니까."

벤은 그 말에 대해 잠시 생각해보았다.

"이곳에서 일한 지 얼마나 됐어요, 프랭크?"

프랭크가 껄껄 웃음을 터트렸다.

"얼마나? 평생이죠."

둘은 프랭크의 사무실에 도착했다. 생산 현장 맨 끝자락에 가로세로 4미터 정도의 공간에 책상과 의자 몇 개를 놓은 게 전부였다.

"앉으시죠."

프랭크가 말했다. 벤은 감사한 마음으로 얼른 앉았다.

"커피?"

벤은 기꺼이 응했다. 프랭크는 물병을 집었다.

"그래서 형제들은 만나봤나요?"

벤은 고개를 끄덕였다.

"어제는 어거스틴, 화요일엔 앨런이요."

"그렇군요."

프랭크는 고개를 저으며 또다시 웃음을 터트렸다.

"비전이 없으면 사람은 망한다, 어쩌고저쩌고. 나도 그런 소리 들었죠. 그런데 말이에요, 먹을 게 없으면 사람은 훨씬 더 빨리 망할 겁니다."

그는 물을 한참이나 벌컥벌컥 마셨다.

"오해는 하지 마세요. 나는 그 형제를 정말 좋아합니다. 절벽 아래라도 따를 각오죠."

벤은 프랭크가 무의식적으로 한 비유가 많은 것을 드러내고 있다고 생각했다. 그리고 조만간 프랭크와 회사 전체가 정말로 그런 상황에 처할지도 모른다는 생각에 두려워졌다.

"하지만… 그게, 솔직히 말해도 되나요?"

"물론이죠."

벤이 입을 떼려 하자 프랭크는 폭소를 터트렸다.

"미안, 시시껄렁한 농담입니다. 이름이 프랭크인데 제가 솔직하지 않을 수 있겠습니까?"•

• 자신의 이름이 '솔직하다 frank'는 말과 동음이의어라는 데 착안한 언어유희다.

그는 다시 한번 껄껄 웃더니 순식간에 진지한 표정으로 돌아왔다.

"사실 앨런은 하루에 절반 이상을 구름 속에 머리를 넣은 듯이 딴 세상에 살죠. 그리고 어거스틴? 그 친구는 마음이 정말 착해요. 다만 가끔 그 감성이 좀 과한 것 같습니다."

"프랭크?"

프랭크의 직원 중 한 명이 사무실 문틈으로 얼굴을 내밀었다. 걱정스러운 표정이었다.

"응, 잠시만."

프랭크가 날카롭게 대답했다. 그러고는 벤에게 돌아서서 말했다.

"하지만 두 사람에 대해 한 가지만큼은 아무도 토를 달지 못하죠. 그들은 이 사업의 구석구석을 전부 꿰뚫고 있어요. 뼈를 깎는 대가를 치렀거든요."

프랭크는 문가에 서 있던 직원을 향해 다시 돌아섰다.

"말해."

"애니가 넣은 주문 있잖아요. 아시아산 경목을 쓰는

건설업자에게 부탁한 거요. 오늘 거기로 트럭을 보내야 하는데 물건이 얼마나 무거운지 아무도 알려주지 않아서요. 2톤 트럭도 괜찮을지, 아니면 10톤 트럭이 필요할지 모르겠어요. 전화도 안 받고요.”

프랭크는 생각에 잠겼다. 미간에 주름이 깊게 잡혔다.

“예산 때문에 꼭 필요한 경우에만 큰 트럭을 보낼 수 있거든요.”

직원이 덧붙였다.

“근데 2톤 트럭으로 감당할 수 없는 양이라면 주문 자체를 날리게 될 거예요.”

프랭크가 고개를 끄덕이며 말했다.

“2톤 트럭을 보내. 충분할 거야.”

“알겠습니다.”

직원이 그들의 시야에서 사라졌다.

“어떻게 그런 결정을 내리시는 거죠?”

벤이 무심코 중얼거렸다.

“맞는지 틀렸는지 판단할 정보가 충분하지 않은데?”

“그래서 **결정**이라고 부르는 거죠.”

프랭크가 답했다.

"모든 정보를 알면 결정이라고 할 것도 없어요. 때로는 정보가 충분하지 않아도 결정해야 할 때가 있지요. 게다가 꽤 확신하거든요, 내가 맞다고."

"정말요? 어떻게요?"

프랭크는 회의적인 표정을 짓는 벤을 똑바로 쳐다보며 말했다.

"나는 목재를 잘 아니까요."

벤은 프랭크의 결정과 관련된 발언이 20톤 트럭도 거뜬히 지나갈 만큼 충분한 기회의 틈을 열어주었다는 생각이 들었다. 무엇보다 오전이 거의 다 지나가고 있었다. 마무리를 지을 때다.

"음, 월요일에 중대한 결정을 내리셔야 하잖아요."

프랭크가 고개를 끄덕였다.

"최선의 결정을 할 수 있도록 최대한 충분한 정보를 드리고 싶습니다. 당신과 팀을 위해서요."

프랭크가 다시 고개를 끄덕였다.

"좋소."

벤은 간단명료하게 마든 그룹과의 합병이 왜 앨런 앤
드 어거스틴에게 올바른 선택인지를 설명했다. 그리고 말
을 끝낸 후 프랭크를 쳐다봤다.

"벤. 내가…."

그가 말했다.

"솔직한 프랭크라고요?"

벤이 끼어들었다. 덩치 큰 남자의 표정이 약간 풀렸다.

"그것도 맞죠. 하지만 나는 정말 솔직하게 말하려던
참이었어요."

프랭크는 손가락으로 위층을 가리켰다.

"내가 앨런과 어거스틴이 어디로 가든 따를 거라고 했
잖아요. 난 정말 그럴 거예요. 하지만 이 사람들…."

이번엔 생산 현장의 팀원들 쪽으로 엄지를 툭 튕기며
말했다.

"저들이 두 형제를 위해 절벽으로 뛰어내릴지는 모르
겠어요. 다만 이건 확실해요. 저들은 어디든 날 따라올 겁
니다. 왜냐고요? 나를 존경하거든요. 내가 나무못과 쐐기
를 제대로 알고 있으니까요.

사람들이 당신을 신뢰하지 않으면 조직을 탄탄하게 운영할 수가 없죠. 이사회도, 시장 조사팀도 아닌, 당신을 말입니다. 그리고 당신이 스스로를 믿지 않으면 그들도 당신을 믿지 않아요.”

프랭크는 자신의 두툼한 배를 주먹으로 힘차게 쳤다.

“바로 여기, 직감!”

벤은 망설였다. 며칠 전 회의실에서 자신이 했던 끔찍한 비공식 투표가 생생했다. 하지만 물어봐야 했다.

“그래서 월요일 투표에 대해 지금 당신의 직감은 뭐라고 하나요?”

프랭크의 표정은 읽기 힘들었다. 하지만 벤은 그가 말하려는 바를 알 것 같았다. ‘내가 왜 당신을 믿어야 하지?’

프랭크는 5초가량 벤을 응시하다가 물병을 비우고는 그의 작은 사무실 반대편에 있는 쓰레기통에 던져 넣었다. 완벽한 슛이었다. 그리고 자리에서 일어나 벤을 문까지 배웅했다.

“아직 결정하지 않았습니다.”

8장

진흙투성이가 된다는 것

지배인이 익숙한 구석 테이블로 벤을 안내했다. 클레어가 빵 바구니를 앞에 두고 혼자 앉아 있었다.

"엘르 이모는?"

"미안하다고 전해달라셨어. 오늘 못 오신대."

벤은 찌르는 듯한 실망감을 느꼈다. 엘르 이모와 대화를 좀 더 나누고 싶었는데. 하지만 이제 자신의 상황에 대해 클레어와 더 솔직하게 얘기할 수 있었다. 그게 이 만남의 본래 목적이었다고 그는 스스로를 달랬다. **정보 수집**. 내부 사정 파악. 지금이야말로 절호의 기회였다.

"그래서."

벤이 자리에 앉아 애피타이저를 고르는 동안 클레어가 물었다.

"멜라니는 어떻게 지내?"

벤과 멜라니, 클레어는 경영대학원에서 처음 만나 친구가 되었다. 12년 전 벤과 멜라니가 힘든 시기를 겪을 때, 그들이 난관을 헤쳐 나갈 수 있도록 도와준 사람이 클레어였다. 전부 지나간 일이고 둘의 삶은 순조로웠다…. 멜라니가 6개월 전 직장을 잃고 새 일자리를 찾기 위해 애쓰고 있지만 그간의 노력이 헛수고로 돌아왔다는 것만 빼면. 한마디로, 벤이 이번 합병을 성공적으로 마무리하는 게 어느 때보다 절실한 상황이었다.

"잘 지내. 아주 좋아. 전업주부로 지내는 것도 기분 전환되고 좋대. 로비도 툴툴대는 게 많이 줄었고."

벤은 몇 분 동안 로비에 대한 자랑을 늘어놓았다. 열한 살인데 벌써 태권도 실력이 대단하다고, 최근에 검은띠도 1등으로 땄다고, 학교 공부도 잘하고 있다고 말했다.

“다른 얘기는 잠시 접어두고, 핀다 회장님에 대해 말해주기로 했잖아. 그리고 엘르 이모, **정확히** 그분의 정체는 뭐야? 어떤 일을 하셨는데?”

젊은 웨이터 마르코가 점심 주문을 받으러 왔다. 그가 돌아간 후, 클레어는 벤의 질문에 답하기 시작했다.

“우리 둘 사이에 공통 지인이 있다고 말했잖아. 내 상사인 레이철이야. 자기 사업을 시작하기 전에 핀다 회장의 저택에서 일했는데 거기서 엘르 이모를 만났대. 핀다 집을 드나들던 전도유망한 사업가들 중 한 명이었어. 내 생각엔 핀다 회장이 엘르 이모 회사의 컨설팅을 맡았던 게 아닐까 싶어. 어쨌거나 레이철과 엘르 이모는 매우 친한 사이야. 엘르 이모는 레이철 재단에서 개인으로는 최대 기부자 중 한 분이지.”

벤은 머릿속이 혼란스러웠다. 그러니까 엘르 이모는 그냥 부유한 정도가 아니었다. 말 그대로 **천문학적인** 부를 가진 사람이었다.

“엘르 이모는 무엇을 **이룩하셨는데**? 그러니까, 어떤 사업을 하신 거야?”

클레어의 입가에 미소가 번졌다.

"이모는 매우 비밀스러운 사람이야. 믿거나 말거나, 그 이야기는 이모에게 직접 듣는 게 좋을 것 같아. 언젠가는 분명 말씀하시겠지.

하지만 핀다 회장이 어떻게 사업의 첫발을 내디뎠는지는 들은 적이 있어. 젊었을 때 사무기기를 팔았다고 하더라고. 개인용 컴퓨터가 보급되기 전이야. 당시에 핀다는 여러 가지 일들을 해왔지만 특별히 성공한 것은 없었어. 그러다가 어느 시점에 탁월해져야겠다는 결심을 했지. 작은 회사의 영업사원으로 일하던 중 그는 어느 전도유망한 스타트업을 방문했어. 물론 그땐 아무도 예상하지 못했겠지만.

그 회사와의 계약을 따내려고 했던 건 핀다만이 아니었어. 알고 보니 NCR, IBM 같은 쟁쟁한 기업에서 온 영업사원 넷이 경쟁하고 있었지. 핀다 회장은 엘르 이모에게 이렇게 말했다고 해. '다들 나보다 뛰어난 영업사원들이었지. 한 명도 빠짐없이 전부 말이야. 경험도 훨씬 더 풍부했고 실적도 훨씬 더 월등했지.'"

"내가 맞춰볼게. 하지만 핀다가 계약을 따냈겠지?"

벤이 말했다.

"맞아. 그리고 그 회사가 상장되면서 핀다의 회사도 함께 승승장구했어. 머지않아 그는 그 거래를 전담하기 위해 자신의 회사를 차렸고 더 많은 고객이 따라왔어. 그게 핀다 회장을 부자로 거듭나게 한 수많은 성공적인 사업들의 시작이었어."

"그런데 하필 왜 핀다가 그 계약을 따낸 거지?"

벤이 묻자 클레어는 웃음을 터트렸다.

"나도 그 이야기를 처음 들었을 때 정확히 그렇게 물어봤어. 엘르 이모는 이렇게 말했어. '글쎄. 다른 사람들은 영업에 대해 더 많이 알았을지 몰라. 하지만 핀다는 그 기계를 속속들이 다 알고 있었어. 처음부터 끝까지, 모든 기능과 성능을 말이야. 그의 표현을 빌리면 점 하나, 선 하나까지 모조리 완벽하게 꿰뚫고 있었지.'"

"그가 정말 사무기기에 관심이 많았던 거야?"

벤이 물었다.

"그건 아니야. 사실 기계보다는 고객에 관심이 많았던

거지. 핀다 회장의 재능은 전자기기가 아니라 기업가 정신이야. 여러 해 동안 그는 다양한 분야에서 사업을 일궜어. 하지만 어떤 사업을 하든 충분한 시간을 들여서 고객이 무엇을 필요로 하는지, 자신의 제품이나 서비스가 그 필요를 어떻게 충족시킬지 이해하려고 노력했어.

핀다는 고객들이 어떤 질문을 던져도 전부 대답했어. 철저히 준비했던 거지. 고객들은 이를 자신과 자신의 시간에 대한 존중의 표시로 받아들였고. 실제로 그게 핀다의 진심이기도 했지. 그래서 그 자리에서 바로 계약을 했던 거야."

"그리고 결과가 어땠는지⋯."

중얼거리는 벤을 향해 클레어는 고개를 끄덕였다.

"대기업들이 그에게 조언을 구하기 위해 엄청난 돈을 지불하기 시작했지. 핀다는 자신이 제대로 아는 걸 말하는 사람임을 알았으니까. 한마디로, 그는 **자신의 일**을 제대로 한 거야."

마르코가 음식을 가져오자 클레어는 환호했다.

"배고파 죽겠어."

클레어가 첫입을 맛보며 말했다. (이번엔 구운 송어 요리가 완벽하게 조리되어 나왔다.)

"엘르 이모 말로는 그것이야말로 사람들이 간과하는 핀다 회장의 성공 비결 중 하나래. 그는 자신이 발들인 모든 분야, 모든 사업에서 반드시 어느 지점까지는 직접 해본다는 거야. 기초부터 꼼꼼히 익혔어.

핀다 회장은 자신의 가장 중요한 성공 비결은 **주는 것**이라고 말해. 엘르 이모가 '영향력의 법칙'에 대해 설명하는 걸 들었잖아. '당신의 영향력은 타인의 이익을 얼마나 앞세우는지에 따라 결정된다.' 엘르 이모는 그게 맞는 말이긴 하지만 전부는 아니라고 하셨지. 그는 잘 베푸는 사람인 동시에 **자신의 일을 하는** 사람인 거야.

한번은 레이철이 핀다 회장에게 물었다고 해. 그토록 많은 거물급 CEO들이 집에 드나들고 대단한 명성과 엄청난 부를 쥐고 있으면서 어떻게 그런 것에 머릿속이 잠식되지 않을 수 있느냐고 말이야. 그러니까 핀다 회장이 웃으면서 이렇게 말했대. '맞아. 여기엔 엄청난 전압이 흐르고 있지. 하지만 그것이 내 회로를 태우진 못해. 나는 땅에 발을 딛고 있거든.'"

"땅에 발을 딛고 있다."

벤이 되풀이했다.

"무슨 뜻으로 한 말일까?"

"내가 레이철에게 물어본 게 그거야. 레이철은 잠시 생각하더니, 내게 핀다 회장에 관한 또 다른 일화를 들려 줬어. 핀다 회장이 연 어느 파티에서 레이철이 멋진 노신 사를 만났대. 르 헤론이라는 은퇴한 사업가인데, 지금은 스콧츠로 알려진 정원용품 회사 OM 스콧 앤드 선스에서 거의 20년간 CEO를 맡은 분이야.

그가 CEO 자리에 오른 지 몇 년 뒤에 소유주들이 회 사를 대기업에 매각해버렸어. 많은 직원들이 배신감을 느 꼈지. 헤론 씨의 임무는 이 전환기를 성공적으로 지나는 일이었어. 그리고 정말로 해냈지! 이후 10년 동안 매출은 거의 세 배로 불어났고 순이익은 500퍼센트 이상 증가했 어. 그렇게 그는 스콧츠를 괜찮은 회사에서 **위대한** 회사로 탈바꿈시켰어."

클레어가 말하길, 그날 밤 핀다의 파티에서 헤론은 제

2차 세계대전 당시 육군 공병대의 신참 소위였을 때 경험한 일화를 들려줬다고 한다.

"혜론은 훈련 임무를 맡아 야전 부대와 함께 있었어. 힘든 하루였고, 식사가 준비되자마자 부대원들과 함께 먹으러 갔지. 하지만 혜론이 음식을 받기 전에 한 노련한 부사관이 그에게 이렇게 귀띔했대. '소위님, 부대원들이 식사를 다 마친 **이후에** 음식이 남아 있거든 그때 드십시오. 그리고 나중에 부대원들이 잠자리에 든 **다음에** 소위님이 누울 자리가 있다면 그때 주무십시오.'"

"잠시만."

벤은 클레어의 이야기를 끊을 수밖에 없었다.

"부사관이 **소위의** 행동을 지적한다고? 그건 좀, 음, 이례적인 일 아닌가?"

클레어가 웃음을 터트렸다.

"내 말이! 너무나 대담한 행동이지. 하지만 혜론은 부사관의 말에 **귀 기울였어.** 그리고 훗날 핀다 회장의 파티에 모인 사람들에게 이렇게 말한 거야. '그때 그 부사관이 일깨워준 교훈은 지금까지도 리더십에 관한 내 신념의 핵심을 이루고 있지요.'"

클레어는 나이 든 부사관이 소위를 돌려보내는 장면을 떠올리며 다시 웃음을 터트렸다.

"레이철은 핀다 회장이 그 일화를 정말 좋아했다고 말해주었어."

클레어가 덧붙였다.

"그리고 지인들에게 반복해서 그 이야기를 들려줬다고 해. 핀다 회장은 그 젊은 소위가 부하에게 기꺼이 가르침을 받았다는 사실 자체를 무척 좋아했어. 레이철이 보기엔 그것이야말로 핀다가 땅에 발을 딛게 하는 힘이었어. 그의 **겸손함** 말이야. '어마어마하게 성공하고 싶다면, 반드시 **어마어마하게 겸손해야 한다**'라고 레이철은 말했어."

벤이 피식 웃었다.

"**어마어마하게 겸손하다니.** 모순이잖아."

클레어는 또다시 한입 먹고는 생각에 잠겨 벤을 바라보았다.

"엘르 이모가 겸손을 어떻게 생각하는지 말해줄까?"

"응, 부탁해."

클레어의 멘토가 자리하고 있지 않은데도 그녀의 존재감이 여전히 대화를 지배하는 것 같아 흥미로웠다.

"엘르 이모는 겸손만큼 곡해되는 개념도 거의 없다고 하셨어. 사람들은 종종 겸손을 자신감 또는 자존감의 결핍과 동일시하거나 나약함을 뜻한다고 여기지. 하지만 당연하게도⋯."

이 대목에서 클레어는 자신의 턱을 들고 콧등을 따라 벤을 내려다보았다.

"정반대로 이해하고 있는 거야. 겸손할수록 내면의 힘은 더 강해지는 법이거든."

벤은 저절로 웃음이 터졌다. 클레어가 엘르 이모를 아주 그럴듯하게 흉내냈다.

"이모 말로는 '겸손humility'은 '부엽토humus'와 어원이 같대. 겸손하다는 것은 자신이 흙과 연결되어 있음을 깨닫는 셈이지. 흙은 우리가 가진 모든 것의 근원이라고 하셨어. '진흙투성이였던 자신의 시작을 기억한다면 무엇이든 이룰 수 있어'라고 말이야."

"정말 이모님다운 말이네."

벤은 엘르 이모의 격언이 사실이기를 바랐다. 지금 자신이 여러모로 영락없는 진흙투성이라고 느꼈기 때문이다. 정말 모든 면에서.

"또 다른 말도 있어."

클레어가 말을 이었다.

"세상이 절대 잊지 못할 위대한 것을 이루는 사람들은 세상이 절대 보지 못할 작은 것을 달성하는 것에서 시작한다고. 위대한 리더들은 직접 해보지 않은 일을 다른 사람에게 기대하지 않아. 그들은 손톱 밑에 흙을 묻히고 장화에 진흙을 뒤집어쓰지."

벤은 클레어가 엘르 이모의 말을 인용하는 건지, 자신의 생각을 말하는 건지 확신이 서지 않았다. 두 사람이 함께 보낸 시간을 생각하면 구태여 구분할 필요가 없을지도 모른다.

"에이브러햄 링컨은 법을 잘 알았지."

클레어는 계속 말했다.

"그는 꽁꽁 얼 정도로 춥고 바닥재도 제대로 깔려 있지 않은 작은 마을 법정에서 법조인으로 일했어. 마하

트마 간디Mahatma Gandhi도 그랬고. 두 사람 모두 갖은 노력 끝에 수백만 명을 해방시킬 수 있었지. 그게 가능했던 건 그들이 자신의 손으로 그 일의 감촉을 익혔기 때문이야. 조지 워싱턴George Washington은 땅을 잘 알았어. 월마트Walmart를 설립한 샘 월튼Sam Walton은 어릴 적 집에서 키우던 소의 젖을 짜고 남은 우유를 이웃들에게 팔았고, 마이크로소프트Microsoft 창립자인 빌 게이츠Bill Gates는 10대 시절 수천 시간을 컴퓨터 프로그래밍하는 데 쏟아부었어. 앤드루 마든은 뭘 했는지 알아? 그러니까 대기업 CEO가 되기 전에?"

"그는 장사꾼이었잖아."

벤이 곧바로 대답했다. 자신이 답을 아는 질문이 나와 기분이 좋았다.

"건조식품이나 직물 같은 걸 팔았겠지."

클레어가 웃었다.

"그전에 말이야. 언제 기회가 되면 상사에게 물어봐."

클레어는 식사하느라 잠시 말을 멈췄다. 벤은 음식 가장자리만 툭툭 건드릴 뿐이었다. 긴 침묵이 흐른 뒤, 클레어가 고개를 들어 옛 친구를 똑바로 바라보았다.

"그래서 벤, 요즘 어떻게 지내?"

벤은 어쩌다 보니 자신이 앨런 앤드 어거스틴의 상황에 대한 이야기를 피해왔다는 걸 깨달았다. 하지만 그게 애초에 클레어와 함께 이곳에서 만난 이유가 아닌가? 내부 정보를 얻으려고?

벤은 접시를 쳐다본 채로 말했다.

"음, 내가 맡은 인수합병 건 있잖아…. 그게… 네가 아는 사람들과 관련된 거야. 예전에 네가 함께 일했던 곳."

클레어가 고개를 끄덕였다.

"앨런 앤드 어거스틴."

벤은 화들짝 놀라며 고개를 들었다.

"알고 있었어?"

"어느 정도 짐작하고 있었어. 그럼 내가 맞춰볼게. 아침에 프랭크와 함께 생산 현장을 둘러봤지?"

벤은 실눈을 뜨고 클레어를 바라보았다. 어떻게 이렇게 많이 알고 있지?

"맞아. 얼굴에 다 쓰여 있어?"

클레어는 살짝 웃었다.

"약간 충격받은 표정이길래. 어거스틴도 이미 만났겠네? 앨런도?"

벤이 고개를 끄덕이며 말했다.

"내일은 캐런."

"아, 그분은 돌려 말하지 않을 거야."

클레어가 말했다.

벤이 무슨 뜻인지 물어보기도 전에 클레어가 손을 뻗어 그를 쿡 찔렀다.

"그럼 퀴즈 하나. 최초의 앨런 앤드 어거스틴 의자는 누가 만들었는지 알아?"

이건 알고 있다. 의심의 여지가 없었다.

"당연하지."

벤이 대답했다.

"화요일에 직접 그 의자에 앉아봤어. 회사의 역사가 담긴 작품에 앉아 있다는 걸 알았을 땐 심장이 멎을 뻔했어. 앨런이 만들었잖아."

클레어가 다시 웃었다.

"아니야. 앨런은 아이디어를 냈지. 의자를 **디자인했지만 만들진 않았어. 만든 사람은 프랭크야.**"

프랭크라니! 벤은 휘파람을 불었다. 프랭크에게 이 회사에서 일한 지 얼마나 되었냐고 물었던 게 떠올랐다. 프랭크가 뭐라고 대답했더라? '**평생이오.**'

"내가 마지막으로 거기 갔을 때, 프랭크가 1층에서 떠받치고 있지 않다면 그 크고 낡은 벽돌 건물이 묶지 않은 장작더미처럼 무너질 것 같다고 생각했던 게 기억나."

두 사람은 그 장면을 떠올리며 함께 웃다가 한동안 침묵했다.

"그래서 어떻게 되어가고 있어?"

클레어가 조심스럽게 되물었다. 벤은 한숨을 쉬었다.

"클레어, 내가 감당하기 어려운 상황에 놓인 것 같아. 멜라니와 내겐 이 합병이 **정말로** 꼭 필요해. 부슈널 회장도 분명히 원하고 있고. 내 일자리가 위태로운 상황이야. 하늘도 알 거야. 앨런 앤드 어거스틴에도 이 합병이 절실히 필요하다는 걸 말이지. 하지만 네 명의 실권자 중 세 명을 만났는데 지금까지 삼진 아웃이야."

벤은 클레어를 올려다보았다.

"뭔가 기발한 아이디어 없어? 난 완전히 바닥난 것 같거든."

클레어는 구운 송어의 마지막 한입을 먹으며 질문에 대해 곰곰이 생각했다.

"멜라니는 뭐라고 해?"

벤은 다시 한숨을 내쉬었다.

"멜라니는 나를 믿는대."

"음, 멜라니는 현명한 사람이잖아. 그녀의 판단을 따르는 게 좋을 거야."

벤은 멍한 상태로 빵을 한입 베어 물었다. 아침부터 프랭크와 함께 하역장에서 그렇게나 움직였는데도 배가 별로 고프지 않았다.

"고맙군 그래. 그게 너의 기막힌 아이디어란 말이지?"

클레어는 포크를 내려놓고 그를 바라보았다.

"벤, 네가 탁월해질 필요 없어. 탁월함은 저절로 따라올 거야. 넌 그냥 네 일을 하면 돼."

피로감이 그를 엄습했다. 갑자기 뭔가에 압도되는 기

분이 들었다.

"결과를 걱정하지 마."

클레어가 조용히 덧붙였다.

"그냥 일을 하는 거야. 해야 할 일이기 때문만이 아니라 그게 네가 정말로 존중받을 수 있는 유일한 방법이기 때문이야."

벤은 시무룩하게 고개를 끄덕였다. 클레어는 손을 뻗어 그의 손 위에 얹었다.

"벤, 나는 그들에게 존중받는 걸 말하는 게 아니야. 너 자신에 대한 존중을 말하는 거지. 사람들이 너를 믿길 원해? 그렇다면 가장 먼저 너 자신을 믿어야 해. 겸손은 자기 비하나 스스로의 가치를 깎아내리는 게 아니야. 엄청난 자기 존중이 있어야만 진정으로 겸손할 수 있어. 그것이 바로 내가 핀다 회장에게 배운 거야. 그분을 직접 만난 적은 없지만, 그분과 함께하는 사람들, 그리고 내가 **만난** 사람들을 통해 그 정신이 환하게 드러나거든.

자기 존중이야말로 모든 형태의 존중을 아우르는 본질이야. 다른 사람들로부터 존중받는 것은 그림자일 뿐이지 본질이 아니야. '아, 상사가 나를 존중한다면, 아들이 나를 존중한다면, 세상이 나를 존중한다면 정말 좋겠다' 하면서 타인에게 존중받아야 자기 자신을 존중할 수 있다고 여기는 건 잘못된 거야. 그건 마치 달에게 해를 비추라고 하는 것이나 다름없어. 그런 식으로 돌아가지는 않아."

벤은 침묵 끝에 클레어를 바라보며 말했다.

"있잖아. 너도 선禪에 진심이네."

"하, 고마워. 신참."

주차장으로 걸어 올라가면서 벤은 믿을 수 없다는 듯 고개를 저었다. 그는 방금 클레어와 단둘이 점심시간을 보낼 수 있는 천금 같은 기회를 잡았는데, 정작 자신의 이야기나 늘어놓느라 그 시간을 허비해버린 것이다.

"그토록 귀중한 내부 정보를 얻다니 잘하는 짓이네."

벤은 길을 걸으며 중얼거렸다.

"'발을 진흙 속에 담그고 부엽토와 연결되어 있어라.' 고작 그게 내가 얻은 정보인가?"

그는 혼자 투덜대면서도 클레어가 한 말들을 마음속으로 곱씹고 있는 자기 자신을 발견했다. 내면 어딘가에서 그 말이 울림을 주고 있었다.

그날 밤, 벤은 선언문에 열쇠를 하나 더 추가했다.

전설적인 리더십을 위한 열쇠

첫 번째 열쇠

비전을 붙잡아라.

두 번째 열쇠

사람을 키워라.

세 번째 열쇠

나의 일을 하라.

다음 빈 페이지에는 앨런 앤드 어거스틴에서 보낸 오전 시간과 클레어와의 점심식사 중 마음에 남았던 몇 가지 생각들을 신중하게 적어 내려갔다.

직관으로 이끌어라.

내가 하는 일을 속속들이 이해하라.

어마어마하게 겸손하라.

땅에 발을 붙이고 있어라.

장화에 진흙을 묻혀라.

그리고 나 자신을 믿어라.

9장

탄생과 죽음

금요일 아침 9시 5분, 벤은 낡은 벽돌 건물에서 나와 길가에 서서 어떻게 해야 할지 고민했다.

5분 전 재무 인사 부서를 담당하는 캐런과 만나기 위해 안내 데스크에 도착했을 때, 벤은 자기 앞으로 온 메시지를 받았다. 병원에서 만날 수 있겠냐는 내용이었다. 심장이 쿵 내려앉았다. 병원이라니? 무슨 끔찍한 일이라도 생긴 걸까?

벤은 병원을 좋아하지 않았다.

마지막으로 병원에 간 지도 벌써 10년이 넘었다. 앞으로 10년, 아니 100년쯤 가지 않아도 괜찮았다. 솔직히 말해서 캐런을 만나러 거기 갈 수 있을지 자신도 없었다.

하지만 **가지 않을 수도** 없는 노릇 아닌가?

"월요일 이사회가 걸린 문제야, 벤."

그는 햇살이 내리쬐는 인도에 선 채로 조용히 중얼거렸다.

"한 표, 한 표가 중요해."

특히 캐런처럼 영향력 있는 사람의 표는 더 중요했다. 이 약속을 허투루 넘겨버릴 수는 없었다. 두 번 다시 기회가 오지 않을지도 모른다.

벤은 주차장을 향해 발걸음을 옮겼다.

병원 응급실 바로 앞 벤치에서 담배를 피우고 있는 작은 체구에 지적인 눈빛의 여자를 발견했다.

"괜찮으신 걸 보니 다행이네요. 무슨 일 있으셨나요?"

벤이 물었다.

"에이미라고, 우리 고객 센터 직원인데…."

"저도 만난 적 있어요. 임신해서 배가 많이 불렀던?"

캐런이 천천히 고개를 끄덕였다.

"맞아요. 거의 만삭이에요. 그 사람이 에이미예요."

캐런은 담배를 한 모금 빨았다.

"에이미가 진통에 들어갔어요. 예정일보다 한참 일러요. 합병증이 생겼다고 하네요."

오늘만 두 번째로 심장이 철렁했다.

"아기는 괜찮나요?"

캐런은 담배를 비벼 끄고 자리에서 일어섰다.

"사실은… 좋지 않아요."

그녀는 발치에 둔 가방을 집어 들고 안으로 들어갔다. 벤이 그 뒤를 따랐다. 복도를 걸으며 캐런은 어깨 너머로 그에게 말했다.

"한밤중에 진통이 시작되었다네요. 둘 다 위중한 상태입니다. 아기는 신생아실에 있고 에이미는 중환자실에 들어갔어요."

두 사람은 엘리베이터를 탔다. 캐런이 3층을 눌렀다.

벤은 엘리베이터 안내판을 슬쩍 보며 3층에 무엇이 있는지 확인하고는 캐런에게 물었다.

"그래서… 우리는 왜 지금 암 병동으로 가는 건가요?"

"회계팀에서 일하는 피비의 할머니가 여기 계세요. 상태가 좋지 않아요. 찾아오는 사람도 별로 없고."

엘리베이터 문이 열리고 복도를 여럿 지나 회계팀 직원 피비의 할머니가 계신 병실에 도착했다. 문 앞에서 잠시 기다리자 곧 간호사가 병실에서 나와 말했다.

"지금 처치 중이에요. 진정제를 투여했으니 몇 분 뒤에 들어가세요."

벤과 캐런은 복도의 작은 벤치에 자리를 잡았다.

"여기 오래 계실 예정인가요?"

벤은 이렇게 물으며 그녀의 가방을 향해 고개를 기웃댔다. 가방에는 서류, 파일, 아마도 작은 노트북까지 가득 들어 있는 듯했다.

"사무실을 통째로 옮겨 오신 것 같아서요."

캐런이 가방을 툭툭 치며 말했다.

"맞아요. 시간이 좀 걸릴 수 있어요."

"냉정하게 들릴 수도 있는데, 할머니는 의식도 없으시고 에이미는 중환자실에 있어서 면회도 되지 않는데 왜

여기 계신 건가요? 제 말은, 지금 할 수 있는 게 아무것도
없잖아요."

"맞아요. 하지만 중요한 건 뭘 할 수 있는지가 아니에요.
여기에 **있어주는** 게 중요한 거죠."

벤은 잠시 그 말을 곱씹어보았다.

"어쨌든 여기까지 왔으니 이야기를 해봅시다. 합병에
대해 말하러 온 거잖아요."

"맞습니다."

벤이 대답했다.

"앨런과 어거스틴을 만났나요?"

벤이 고개를 끄덕였다.

"어젠 아마도 프랭크?"

벤이 다시 고개를 끄덕였다.

캐런은 피식 웃으며 말했다.

"삼총사죠."

"그들이 스스로 그렇게 지칭하나요?"

"아뇨, 제가 그렇게 불러요. 경영, 마케팅, 생산. 하나를
위한 모두, 모두를 위한 하나. 저는 이른바《삼총사》의 달

타냥인 셈이죠."

캐런은 잠시 말을 멈췄다. 아마 밖이었다면 담배를 길게 빨아들이고 있었을 것이다.

"커피 마실래요?"

"좋죠."

두 사람은 일어서서 복도를 천천히 걸었다.

"그 삼총사는 다들 좋은 사람이에요. 그리고 저마다 사업의 중요한 **측면**들을 잘 보죠. 각자의 측면만요. 하지만 모든 수표에 사인하는 건 나예요. 저는 직원들의 이름과 얼굴을 알고 있죠. 사업이 내리막길을 걸으면, 직원 한 명, 한 명에게 미치는 영향을 전부 느껴요."

휴게실로 쓰는 작은 공간에 도착하자 캐런은 커피 두 잔을 따랐다.

"해프앤드해프half-and-half 약간,˙ 설탕 하나요."

벤은 캐런의 질문하는 듯한 표정에 답했다. 캐런은 블랙커피를 마셨다.

“재무와 인사. 좀 특이한 조합이네요.”

벤은 곰곰이 생각하다가 나지막이 말했다. 그러고는 커피를 한 모금 마셨다. 평생 마셔본 커피를 통틀어 최악이었다.

“그렇지만도 않아요. 돈은 장부의 숫자 이상이에요. 모든 것이 현실이 되는 문제죠. 조직의 생명줄이기도 하고요. 지난 월요일에 회사의 출혈을 멈출 수 있게 도우려고 이곳에 왔다고 하셨죠. 저는 매일, 매시마다 그 출혈을 다루고 있어요.”

캐런은 마치 인생의 수수께끼에 대한 답이라도 있는 듯 커피 컵 속을 뚫어져라 응시했다.

“어쩌면 그쪽 회사로부터 받는 수혈이 우리가 살아남는 데 꼭 필요한 것일지도 몰라요.”

벤은 얼굴에 드러나는 반응을 감추려고 황급히 형편없는 커피를 한 모금 마셨다. 속으로는 환희가 솟구쳤다. 그에게 찬성하는 것이 분명했으니까!

“그리고 아닐 수도 있죠. 우리 힘으로 이 출혈을 견딜 수 있을지도 모르죠.”

희열이 이내 가라앉았다.

"지금은 경기가 안 좋지만 10년 전에는 호황이었죠. 그럼 10년 뒤에는? 누가 알겠어요?"

그녀는 커피를 마시고 얼굴을 찌푸리더니 다시 한 모금 마셨다.

"내 말은, 경기는 오르락내리락한다는 거죠. 상황은 변하고요. 피를 흘리고 상처가 아물고 성장해요. 때론 중환자실에 가기도 하고요. 어떤 것도 우리가 통제할 수 없어요. 사실상 통제가 가능한 건 **우리가 누구인가밖에** 없죠. 결과적으로 중요한 건 그뿐이에요."

벤은 무슨 말을 해야 할지 몰라 억지로 커피를 한 모금 더 마셨다.

캐런은 그를 지켜보고는 장난스러운 미소를 지어 그를 놀라게 했다.

"정말 치명적이죠, **그렇죠?**"

벤은 웃음을 터트렸다.

"정말로요."

캐런은 자신의 컵을 내려다보다가 벤을 쳐다보았다.

“왜 여기 있는 거예요, 벤? 이게 당신 일이라는 건 알아요. 하지만 정말로 왜 여기 있는 거죠?”

“와, 프랭크보다 직설적인 사람도 있군요.”

벤은 그녀가 웃을 걸 기대했지만 전혀 그렇지 않았다.

벤은 그녀의 질문을 곰곰이 생각해보았다.

“결론적으로 앨런 앤드 어거스틴이 과거의 영광을 되찾는 걸 보고 싶어요.”

캐런이 잠시 그를 바라보더니 물었다.

“이 회사를 믿어요, 벤?”

“절대적으로요.”

벤은 주저하지 않고 대답했다. 캐런은 희미하게나마 흥미로워하는 표정을 지었다.

“확신에 찬 표현이네요. 우리 회사에 대한 믿음이 절대적이라는 건가요?”

벤이 머뭇거리자 캐런은 말을 이었다.

“한 가지만 물어볼게요. 이 회사를 위해서 목숨을 바칠 수 있나요?”

이번엔 당황했다.

“엇, 저는….”

그가 대답하려 했지만 캐런이 말을 끊었다.

“걱정 말아요. 실제로 그렇게 될 거라고 생각하진 않았어요.”

그녀는 다시 희미하게 웃었다.

“내가 하고 싶은 말은 이거에요. 사람들은 말을 너무 쉽게 해요. ‘무엇이든 줄 수 있어. 무엇이든 걸 수 있어….’ 진짜? 무엇이든?”

그녀는 고개를 저으며 끔찍한 커피를 한 모금 더 들이켰다. 벤은 문득 보안관 차림을 한 그녀가 서부 개척 시대의 술집에서 독한 버번위스키를 단숨에 털어 넣는 모습이 그려졌다.

“글쎄요, 저에게 ‘이 회사나 직원들을 위해 목숨을 바칠 수 있어’ 같은 말은 절대 듣지 못할 거예요.”

그녀는 벤을 쳐다보았다.

“왜 그런지 알아요?

벤은 당연히 알 수 없었다.

“할 수 있다는 말 때문이에요. 이 사람들을 위해 목숨도 바칠 수 있다가 아니라 말 그대로 이들을 위해 목숨을 바치고 있어요. 매일 말이죠. 그들도 마찬가지고요. 그래서 제가 오늘 여기 있는 거예요. 그게 우리가 하는 일이자 우리의 존재 이유예요."

그녀는 커피를 다 마시고는 종이컵을 구겨 쓰레기통에 던졌다.

"솔직히 이 합병이 괜찮은 선택인지, 최고의 선택인지, 최악의 선택인지 전혀 모르겠어요. 제가 아는 건 이거예요. 제 표를 원하나요? 사람들이 당신을 믿고 표를 주도록 독려해주길 원하나요?"

캐런의 휴대전화가 울렸다. 그녀는 말하면서 번호를 확인했다.

"누구나 상대의 입장을 알아야만 그 사람을 신뢰할 수 있어요. 당신의 입장은 무엇인가요? 그리고 무엇을 위해서 싸우나요?"

벤이 그 질문에 어떻게 대답해야 할지 생각하기도 전에 그녀는 전화를 받고 말했다.

"잠시만."

그러고는 벤에게 이렇게 말했다.

"이 전화를 받아야 해요. 밖에서요. 시간이 좀 걸릴지
도 몰라요."

그렇게 그녀는 벤을 그곳에 두고 나갔다.

잠시 후, 다른 간호사가 병실에서 나와 복도에 있는 벤
을 조용히 불렀다.

"이제 들어가도 됩니다."

간호사는 복도 반대편 모퉁이를 돌아 사라졌다. 벤은
병실 밖에 혼자 남았다.

벤은 망설였다. 밖에서 캐런을 기다려야 할까? 아니면
그냥 갈까? 여기 남을 이유가 없어 보였다. 합병에 관해서
라면 할 말은 충분히 한 것 같았다.

병실 문을 쳐다보았다. **면회 온 사람이 많지 않다**고 캐런
은 말했다. 벤은 깊게 숨을 들이쉬고 다시 내쉬었다. 그다
음 문을 열고 조용히 안으로 들어갔다.

할머니는 깊이 잠들어 있었지만 호흡은 가늘고 불안
정했다. 벤은 머뭇거리며 침상 쪽으로 몸을 굽혔다.

'**네 일을 해.**' 클레어가 말했었다.

그래서… 이것이 그 일인가?

벤은 트랙터와 트레일러에서 짐을 내리는 것도, 목재 팔레트를 운반하는 것도, 창고 바닥을 쓰는 것도 괜찮았다. 하지만 병실에 앉아 있는 것, 온갖 약과 소독약 냄새와 함께 죽음의 냄새가 사방에 감도는 곳에서 알지도 못하는 사람 곁에 앉아 있는 건 조금 달랐다. 게다가 환자는 벤이 곁을 지킨다는 걸 전혀 알지도 못한다. 이건 계약서엔 없던 일이었다. 하지만 그는 지금 여기 있었다.

벤은 손을 뻗어 종이처럼 마른 환자의 손을 잡았다. 그녀는 미동도 하지 않았다.

산소를 공급하고 생체 신호를 모니터링하는 기계가 돌아가는 소리만 틱-위이잉, 틱-위이잉 들렸다.

벤은 회계팀 직원 피비의 할머니 손을 잡고 앉아서 캐런과의 대화를 되새겨보았다.

'당신의 입장은 무엇인가요? 무엇을 위해 싸우나요?'

간단한 질문이었다. 신, 가족, 조국 그리고 마든 그룹. 그것들이야말로 자신이 의지하는 것이라 생각했다. 하지만 왠지 모르게 그 말들이 생생하게 와닿는다기보다 한없이 추상적으로만 느껴졌다.

틱-위이잉, 틱-위이잉.

'정확히 나는 무엇을 위해 **싸우고 있는가?**'

그는 스스로에게 그런 질문을 해본 적이 없다는 것을 깨달았다.

10장

영혼에 각인된 흔적

벤은 여느 때보다 두 시간이나 늦게 식당에 도착했다. 점심 친구들은 이미 오래전에 떠났을 거라고 생각했다. 실제로 구석 테이블에 가보니 클레어는 보이지 않았다. 하지만 놀랍게도 엘르 이모가 있었다. 차를 마시며 그를 기다리고 있었던 것이 분명했다.

"클레어가 미안하다고 전해달라더군요. 더는 기다릴 수가 없다고."

엘르가 말했다.

벤은 너무 늦은 것에 대해 사과하며 아침에 병원에서 있었던 일에 대해, 그리고 중환자실에 있는 산모와 아이에 대해 간단히 설명했다.

엘르 이모에게 자세히 이야기하지는 않았지만, 사실 그는 암 병동의 할머니 병실에서 한참을 생각에 잠겨 있었다. 결국 캐런을 찾기 위해 병실을 나섰고 신생아실 인근 대기실에서 그녀를 발견했다. 두 사람은 함께 앉아 소식을 기다렸다.

벤은 급하게 샐러드를 주문했고, 엘르는 차를 우릴 뜨거운 물을 더 주문했다. 웨이터가 주문을 받고 돌아서려는 순간, 벤은 문득 갓 내린 뜨거운 커피가 생각나서 **맛있**는 커피를 가져다줄 수 있냐고 물었다. 병원의 감각을 코와 입에서 지워버리고 싶었다.

"이번 주는 어떻게 지내고 있어요?"

엘르가 정중하게 물었다.

"프로젝트는요?"

웨이터는 벤 앞에 뜨거운 커피 한 잔을 내려놓았다. 그는 감사한 마음으로 커피를 홀짝였다. 그렇게 맛있을 수가 없었다.

"그게…."

벤은 질문에 어떻게 대답해야 할지 생각했다.

"처음 만난 날 제게 물으셨죠. 제가 그들에게 무엇을 줄 수 있냐고?"

엘르는 고개를 끄덕였다.

"이번 주 초만 해도 그 질문의 답을 꽤 확실히 알고 있다고 생각했어요. 그런데 지금은 잘 모르겠네요."

엘르는 그를 사려 깊게 바라보았다.

"몇 년 전에 대규모 강연을 맡을 기회가 많았을 때 아버지가 해준 조언이 있어요. '엘르, 절대 긴장한 모습을 보이지 마. 사람들이 네가 상황을 통제하지 못한다는 걸 알아채면 널 잡아먹을 거다. 연단에서 말할 때는 말이다, 긴장하는 건 괜찮지만 절대 티를 내서는 안 돼.'"

엘르는 짧게 무시하는 듯 코웃음을 쳤다.

"아버지의 조언은 대부분 훌륭했는데 그때만큼은 최악이었죠. 하지만 아버지 말대로 했어요. 아니, 그렇게 하려고 애썼어요. 딱 한 번. 끔찍했어요. 단상 위에 서서 전

지전능하고 무적인 척하며 멋진 쇼를 펼쳤죠. 그날 오후 제가 한 강연은 엉망이었어요. 사흘 내내 침대에서 앓아 누웠죠. 정말 끔찍했어요."

엘르가 너무 극적으로 이야기를 하는 통에 벤은 웃음을 참을 수가 없었다.

"그 장면이 영상으로 남아 있다는 데 제 돈을 걸게요."

엘르는 눈살을 찌푸렸다.

"그 내기야말로 벤이 지겠네요."

엘르는 코웃음을 쳤다. 찡그린 표정이긴 하지만 그녀가 무척 즐거워하고 있다는 것을 알 수 있었다.

"어쨌든 다시는 내가 아닌 척하지 않겠다고 맹세했어요. 그리고 그 맹세를 지켰죠. 이후 사람들 앞에서 연설할 때는 훨씬 더 긴장했어요. 청중에게 솔직하게 말했어요. '먼저 말씀드릴 게 있습니다. 저는 지금 너무 무서워요. 앞으로 45분 동안 즐거운 시간 되시길 바랍니다. 저는 눈을 감고 있을 테니 끝나면 알려주세요.' 그곳에 있던 모든 사람들이 웃었죠. 조금 지나니까 청중이 나를 응원하고 편안하게 해주려고 손을 내밀어주는 게 느껴졌어요. 청중이 아니라 파트너가 되어준 거죠."

벤이 크게 웃었다. 엘르 이모가 앳된 모습으로 청중에게 솔직히 털어놓고 그들의 공감에 힘입어 힘을 내는 모습이 눈에 선했다.

"제가 하고 싶은 말은 이거예요. 리더십은 옷처럼 입었다 벗었다 할 수 있는 게 아니에요. 영향력을 미치는 것 또한 연극 대사처럼 연습할 수 있는 게 아니죠. 흔히들 생각하는 것과 달리 사람들은 바보가 아니에요. 당신이 겉으로 어떤 모습을 내세우든 당신을 읽어내요. 의식적이든 무의식적이든 말 뒤에 숨은 진짜 **당신**을 말이죠."

"잠깐만요."

벤이 말했다.

"그럼 무슨 말을 하든 실제로는 중요하지 않다는 건가요? 말을 신중하게 고르는 게 아무 의미가 없다는 뜻인지? 이모님답지 않은데요."

"아니요, 그렇지 않아요."

엘르는 고개짓을 하더니 뜨거운 차를 한 모금 마셨다.

"그런 뜻이 아니에요. 당신이 하는 말이 중요하지 않

다는 의미가 아니에요. 다만 그게 당신 힘의 원천은 아니라는 거죠."

벤은 그 말의 논리를 이해하려 애썼다. 그동안 엘르는 차를 한 모금 더 마셨다.

"말로 전달되는 부분은 가장 적어요. 행동을 통해서는 좀 더 많이 전해지죠. 하지만 무엇보다도 당신이 어떤 사람인가를 통해서 가장 크게 전해져요."

벤의 샐러드가 나왔다. 갑자기 자신이 얼마나 배고픈지 깨달았다. 그가 먹기 시작하자 엘르가 말했다.

"산모와 아기는 어때요? 소식 들었어요?"

벤은 고개를 끄덕이며 한입 꿀꺽 삼켰다.

"둘 다 괜찮아요. 그래서 여기 늦게 도착한 거예요. 그들이… 상태가 어떤지 확인할 수 있을 때까지 기다리고 싶었거든요."

"몇 시간은 걸렸을 텐데요."

엘르가 말했다.

"맞아요."

벤은 음식을 먹으면서 대답했다.

"실제로 그랬죠. 몇 시간 정도. 어쨌든."

엘르는 한참 동안 벤을 바라보았다.

"벤, 개인적인 질문 하나 해도 될까요?"

엘르는 부드럽게 말했다. 벤은 웃음을 터트렸다.

"이번 주 내내 그것만 하셨잖아요. 지금 와서 막을 이유는 없죠."

엘르는 웃지 않았다.

"아니, **정말로** 개인적인 질문이란 뜻이에요."

벤은 포크를 내려놓았다.

"알겠어요."

그녀는 잠시 멈칫했다가 말문을 열었다.

"혹시 누군가를 잃은 적이 있나요? 가까운 사람을?"

벤은 너무 놀라 등을 의자에 기댄 채 충격에 빠졌다.

어떻게 알았을까?

그 일이 일어난 지 10년도 넘었다. 이해는커녕 발음조차 제대로 할 수 없는 그런 병이었다. 예상치 못했고 끔찍하게도 빨랐다. 모든 게 정상에서 상상도 할 수 없는 수준으로 변하는 데는 일주일도 채 걸리지 않았다.

벤과 멜라니가 아이를 가지는 것에 대해 다시 대화할 수 있기까지는 오랜 시간이 걸렸다. 어느 순간 집은 고요하고 적막해졌다. 그 적막함은 몇 달 동안이나 계속됐고, 그렇게 1년이 천천히 지나갔다. 점점 시간이 흐르면서 벤과 멜라니의 집에 소리가 돌아오기 시작했다. 로비가 태어났고, 벤이 깨닫지 못하는 사이에 집은 다시 분주하고 시끄럽고 활기로 가득 찼다. 하지만 벤의 마음속에는 한 번도 떠나지 않았고 앞으로도 결코 떠나지 않을 고요함이 남아 있다…. 어째서인지 엘르 이모가 그것을 감지하고 있었다.

벤은 놀란 표정으로 그녀를 바라보았다. 그리고 고개를 천천히 끄덕이며 대답했다.

"네, 아들이 있었어요."

그는 잠시 생각하더니 덧붙였다.

"아, 클레어가 말해주었겠네요."

엘르는 고개를 저었다.

"아니에요. 클레어는 사생활을 존중할 줄 아는 사람이에요."

"그럼 어떻게…."

"드러나요." 엘르는 부드럽게 말했다.

"인생은 흔적을 남기거든요. 누구도 살면서 상처 하나 없이 깨끗하게 지나가지 못해요. 우리는 모두 비극과 실망, 투쟁과 실패를 겪지요. 크고 작은 상실도요. 그리고 그 모든 건 고통스럽죠."

그녀는 반복해서 말했다.

"인생은 흔적을 남기게 마련이에요."

벤은 말이 없었다.

"숨기려고 노력할 수도 있어요. 하지만 내면이 점점 더 쓰라려질 뿐이에요. 그 대신에 있는 그대로의 자신을 받아들일 수도 있어요. 그러니까, 지금 무언가가 되어가는 자신을요. 상처를 받아들이는 순간, 그것이 나 자신을 더 깊이 있고 성숙하게 만들죠. 부정하고 거부하고 멀리 하고 맞서 싸우면 그저 스스로를 경직시킬 뿐이에요. 어느 쪽이든, 그건 당신의 영혼에 새겨지죠."

그녀는 뜨거운 차를 한 모금 더 마시며 그 말이 마음에 스며들도록 잠시 멈췄다.

"그래서 당신은 그들에게 뭘 제안해야 할까요? 저도 확실한 답은 모르겠어요. 역량이 중요하다는 건 알아요. 사람들이 당신을 따르게 만들고 싶다면, 당신이 뭘 하는지 스스로 알고 있다는 걸 그들이 믿어야 해요. 하지만 그건 작은 부분이에요. 그들은 당신의 능력을 신뢰할 필요가 있죠. 맞아요. 하지만 그보다 당신의 **인격**을 더 신뢰할 필요가 있어요.

역량은 기준선일 뿐이에요. 당신이 게임에 참여할 수 있게 해주는 것이죠. 물론 중요한 부분이지만, 솔직히 말해서 그런 능력은 흔하거든요. 하지만 인격은 달라요. 인격은 희귀하고 귀중한 보석이에요. 그것을 가진 사람은 누구든 주변 세계에 큰 가치를 지녀요. 아버지는 이렇게 말씀하시곤 했죠. '아무도 보지 않을 때 그 사람이 무엇을 하는지가 그의 인격을 보여준다.' 저는 그게 아버지의 훌륭한 말씀 중 하나라고 믿어요."

그녀는 다정하게 벤을 바라보았다.

"그럼 이런 질문이 생기죠. '무엇이 인격을 만드는가?' 제 생각엔… 자신이 하는 선택들이에요. 인생이 던지는 일들에 어떻게 대응하기로 선택하는지에 달렸지요."

벤은 여전히 아무 말도 할 수 없었다. 엘르는 그의 손을 든든하게 잡았다.

"당신 스스로 **성장**한 만큼만 **이끌 수** 있어요. 그리고 당신이 스스로에게 허락한 만큼만 성장할 거예요."

"이런."

벤이 부드럽게 말했다.

"정말 그래요."

엘르도 동의했다.

"제가 존경하는 작가가 이런 말을 했어요. '나는 내가 무엇을 생각하는지 알아내기 위해 글을 쓴다.' 벤, 저는 이렇게 생각해요. 우리는 우리 자신이 **누구인지** 알아내기 위해 **살아간다고** 말이죠."

벤은 눈을 감고 기억과 생각, 감정의 소용돌이에 빠져들었다. 잠시 후, 그는 눈을 뜨고 물었다.

"그렇다면 그 단어에 대해서도 말해주실 게 있나요?"

"그 단어?"

"인격이라는 단어요."

엘르의 얼굴이 재미있다는 듯 부드러워졌다.

"이제 당신이 그 단어를 언급하는군요."

다시 차 한 모금.

"인격character이라는 말은 '긁다' 또는 '긁어내다'를 뜻하는 고대 그리스어에서 왔어요. '새겨진 표식', '본질적인 특성'을 의미해요. 한마디로, 인격이란 인생이 당신의 영혼에 자국을 남길 때 생기는 거예요."

"클레어가 말하길, 이모님이 단어들을 좋아하신다고 했어요."

벤이 말했다.

"정말 그래요."

엘르는 동의했다.

"단어는 신의 발자국이거든요."

벤은 생각에 잠긴 채 앞서 나눈 대화를 떠올려보았다.

"잠깐만요. 단어는 **인류** 최고의 발명품이라고 하셨잖아요."

엘르는 코 위로 안경을 밀어 올리고는 그 너머로 벤을 뚫어져라 바라보았다.

"그것도 맞아요."

그날 밤 벤은 노트에 아무것도 쓰지 않았다. 머릿속이 생각으로 가득 차 복잡했다. 잠도 설쳤다. 그날 아침에 병원에서 본 장면, 그리고 오래전 다른 병원에서의 기억과 잔상이 그를 편히 쉬지 못하게 했다.

결국, 한밤중 그는 멜라니를 깨우지 않으려 조심하며 침대에서 조용히 빠져나와 서재로 갔다. 그리고 선언서를 펼쳐 한 페이지를 더 써 내려갔다.

네 번째 열쇠

무언가를 위해 싸워라.

영혼으로 이끌어라.

말을 통해서는 가장 적게, 행동을 통해서는 좀 더 많이, 그리고 내가 누구인지를 통해서는 가장 많이 줄 수 있다.

능력은 중요하다. 인격은 더 중요하다.

인격은 삶이 나의 영혼에 흔적을 새길 때 만들어진다.

스스로 성장하는 만큼만 이끌 수 있다. 그리고 스스로 허락하는 만큼 성장할 것이다.

네 가지 기둥

토요일 아침, 벤은 새로운 긴장감을 느끼며 잠에서 깼다. 이사회에서의 결전이 이틀 앞으로 다가왔다. 면도를 하고 샤워를 하면서 그는 엘르 이모에 대한 잔상, 영향력에 관해 점심시간에 나눴던 대화들, 그리고 전설적인 리더십의 열쇠에 관한 생각은 접어두기로 했다. 이제 본격적으로 일할 시간이다.

아침 식사를 마치고 그는 필사적으로 조사에 매달렸다. 몇 시간 동안 그는 앨런 앤드 어거스틴의 연례 보고서,

마케팅 자료, 비용 및 편익 분석 보고서 등 여러 서류를 꼼꼼하게 살펴보았다.

그는 네 명의 임원들과 만남을 가졌지만 찬성표를 얻는 데에는 전부 실패했음을 느꼈다. 주초와 비교할 때 찬성표를 확보하는 데 더 나아진 것도 없었다. 오히려 어떤 면에서는 더 멀어진 것 같았다.

하지만 아직 끝나지 않았다. 그렇다. 그가 자신의 일을 제대로 하는 사람이라는 명성을 얻은 건 결코 스스로 물러서거나 패배를 인정하는 경우가 없기 때문이었다. 벤은 이 합병이 앨런 앤드 어거스틴에게 최선의 이익이 될 것이라 확신했다. 주말을 쏟아붓더라도 이를 증명할 수 있는 자료를 모을 것이다. 그리고 월요일 저녁이 되면 그는 회의실을 장악하고 승리의 트로피를 쟁취할 것이다.

이른 오후, 멜라니가 서재 문 앞에 나타났다.

"벤?"

그가 고개를 들었다.

"응?"

"로비는 내가 데려다줄까?"

그녀가 말했다.

"로비를 어디로 데려다줘?"

그 순간 떠올랐다. 아, 토요일 오후, 토너먼트.

"괜찮아. 당신은 여기 있어."

멜라니가 말했다.

"아니야, 아니야, 내가 할게."

벤은 의자에서 일어나 등을 쭉 폈다.

"내가 약속했잖아."

벤과 로비는 대형 체육관에 도착해 무리와 합류했다. 다들 김 사범 주위에 모여 있었다.

김 사범이 로비의 검은 띠 수여를 축하했고 아이들 모두 박수를 보냈다. 벤은 자랑스러움에 가슴이 벅차올랐다. 내 아들이 검은 띠라니! 게다가 1등으로.

김 사범은 로비와 다른 아이 한 명을 앞으로 불러 짧은 스파링 시범을 보이게 했다. 상대 아이는 로비보다 머리 하나는 더 컸고 얼핏 7킬로그램은 더 나가 보였지만, 로비는 30초 만에 그 아이를 우아하게 바닥에 쓰러뜨렸다. 벤은 감탄했다. 그리고 흥미가 생겼다. 수요일 카페에서 덩치 큰 남자와 대치했던 상황이 떠올랐다. 물론 그 자리에서 남자를 제압했던 건 벤이 아니라 엘르 이모였지만.

김 사범은 토너먼트 경기 전 아이들을 격려하기 위해 한곳에 모았다. 벤은 이런 순간이 거의 처음이었다. 어쩌다 로비의 경기에 참석해도 보통은 관중석에 자리를 잡고 앉아서 다른 학부모들과 어울렸다. 하지만 오늘은 젊은 사범이 뭐라고 말할지 호기심이 일었다.

"토너먼트를 시작하기 전에."

김 사범은 앞에 모인 수십 명의 아이들에게 말했다.

"우리는 네 가지 기둥을 마음에 새겨야 한다."

더 이상 재촉하지 않아도 아이들은 조용해졌다.

"첫 번째 기둥, **마음**. 싸움은 첫 타격을 가하기 전에 이미 끝난다. 무엇보다 먼저 마음속에서 싸움이 벌어진다. 첫 동작을 하기 전에 마음속으로 전 과정을 펼쳐보아야 한다. 상대가 바닥에 제압되어 있으나 다치지 않은 모습을 마음속에 그려보아라. 유일한 질문은 어떻게 하면 상대를 가장 효과적으로 쓰러뜨릴 수 있는지다.

두 번째 기둥, **연결**. 좋은 경기는 겨루는 이와 하나가 될 때만 가능하다. 스파링 상대를 이겨야 할 적으로 여기지 말고 공동의 목표를 향해 함께 노력하는 협력자로 생각해라. 상대를 매트에 쓰러뜨린다는 것은 상대를 정복한 것이 아니라 상대의 힘과 궤적을 자신의 것과 결합해 둘 다 다치지 않는 조화로운 결말을 만들어냈다는 뜻이다. 네가 승리하고 경기에 이긴 것이지만 이는 양쪽 모두를 존중하는 승리다.”

벤은 아이들이 한 명도 빠짐없이 넋을 잃고 사범의 말 한 마디, 한 마디에 집중하고 있는 모습에 감탄했다.

“세 번째 기둥, **흐름**. 지나치게 생각하지 마라. 머릿속으로 경기를 그려보되 일단 움직이기 시작하면 생각은 떨쳐내고 그동안의 훈련을 믿어라. 자신의 본능을 믿어라. 경기의 흐름을 통제하려 하지 말고 있는 그대로 펼쳐지게 내버려두어라.”

벤은 갑자기 익숙한 느낌이 들었다. ‘본능을 믿어라.’ 프랭크가 그렇게 말했던가? 아니면 클레어였나? 둘 다였을까?

“네 번째 기둥, **존중**. 매 경기 전 서로에게 하는 절은 형식적인 몸짓이 아니다. 단순한 전통 그 이상의 의미가 있다. 자세, 기술, 실행력, 이 모든 것이 중요하다. 하지만 무엇보다 중요한 것은 자신의 존재 자체다. 여기서 말하는 존재란 존중의 마음, 자존감, 품위, 인격을 의미한다. 너희 자신과 상대 선수, 우리 팀과 우리 도장에 대한 태도를 뜻한다. 마음, 연결, 흐름, 존중. 자, 이제 가서 멋진 경기를 펼칠 때다.”

마음, 연결, 흐름, 존중. 벤은 깜짝 놀랐다. 절대 간과할 수 없는 유사점이 있었다. 젊은 사범이 방금 설명한 무술의 네 기둥은 멜라니가 준 노트에 벤이 써 내려가던 것과 놀랍도록 비슷했다!

이후 두 시간 동안 그는 경기가 펼쳐지는 모습을 지켜보면서도 지난 일주일간의 만남을 머릿속으로 되짚어보고 있었다.

로비는 네 경기 중 세 경기에서 승리하며 오후 내내 멋진 경기력을 보여주었다.

“정말 멋졌어, 아들.”

벤은 집으로 운전하는 길에 말했다.

"고마워요, 아빠."

로비의 목소리에 힘이 없어 보여 벤은 아이를 힐끗 쳐다봤다.

"괜찮아?"

"네, 괜찮아요."

벤은 경기 중에 다친 건 아닌지, 몸이 좋지 않은 건 아닌지 걱정이 되었다.

"확실해?"

"아빠, 저 괜찮아요."

로비가 싱긋 웃었다.

"최고예요."

벤은 미소 지었다. 오늘 아들은 정말 대단했다.

○ ○ ○

일요일 아침, 벤은 남은 서류 더미를 공략했다. 전날처럼 점심은 샌드위치였다. 1시가 되어서도 책상 모퉁이에 놓인 접시에 반쯤 먹다 만 샌드위치가 그대로 있었다.

오후가 되자 눈도 침침하고 서류에 압도되는 느낌이 들었다.

"멜라니."

벤은 뒷마당 허브 정원에 있던 아내에게 말했다.

"여기서 나가자."

"무슨 말이야?"

"시내로 가자. 산책하러."

"시간 괜찮아? 내일 중요한 날인데."

벤은 어깨를 으쓱했다.

"눈이 빠질 것 같아. 로비는 연습이 세 시간이나 더 남았고 집에 데려다줄 사람도 있어. 가자."

둘은 시내로 차를 몰고 나가 주차를 한 뒤, 도심을 가로지르는 강가를 따라 한참 걸었다. 벤은 로비가 어렸을 때 근처 공원으로 놀러 왔던 기억이 떠올랐다. 오랜만이었다.

둘은 한 시간 넘게 손을 잡고 이리저리 거닐며 이야기를 나눴다. 벤은 멜라니와 이야기하는 걸 좋아했다. 대부분은 그녀가 그의 마음속 이야기를 들어주는 식이지만,

이렇게 둘만의 시간이 생겨 진솔한 대화를 나눌 때면 그녀는 열린 마음으로 다양한 생각과 감정을 쏟아냈고 벤이 주로 들어주곤 했다.

이제 집에 갈 시간이었다. 주차장으로 돌아가는 길에 멜라니가 침묵에 빠졌다. 벤은 그 표정을 알고 있었다. 뭔가 골똘히 생각하고 있는 것이다.

"뭐야?"

벤이 물었다.

"응? 아, 이런 얘기로 신경 쓰게 하고 싶지 않았어. 특히 지금 같은 시점엔 말이야. 이런저런 일이 있으니까."

"뭐가 신경 쓰이게 한다는 거야?"

멜라니가 걸음을 멈추자 벤도 따라 멈췄다. 두 사람은 서로 마주 보았다.

"로비가 운동을 그만두고 싶어 해."

"뭐?"

"태권도를 그만두고 싶대."

"뭐라고? 진짜야?"

벤은 잠시 멍하니 서 있다가 멜라니가 다시 걷기 시작

한 것을 깨닫고 황급히 따라갔다.

"하지만…?"

머릿속이 혼란스러웠다. 멜라니가 한 말을 이해하려 애썼다.

"왜 로비가 나한테 말하지 않았지?"

"아빠를 실망시키고 싶지 않았대."

"하지만… 이해가 안 돼. 멜라니, 설명 좀 해줘. 왜 그만두고 싶어 하는 거야? 정말 잘하잖아! 좋아하기도 하고. 검은 띠를 따려고 몇 년을 노력했잖아. 로비가 원한 거였어!"

멜라니가 멈춰 서서 그를 보았다.

"여보?"

"응?"

벤이 말했다.

"지금까지는 로비에게 태권도가 좋은 경험이었어."

멜라니가 부드럽게 말하기 시작했다.

"아이에게 자신감도 많이 심어주었어. 그 경험이 없던 일이 되길 바라지는 않아. 그런데 확신이 들지 않아…"

멜라니는 벤의 두 손을 잡고 그와 마주 보았다.

"이게 로비가 정말 원하는 건지 모르겠어. 어쩌면 당신이 로비가 원하기를 **바란 것일 수도 있어.**"

벤은 말문이 막혔다. 그런 생각은 한 번도, 단 한 번도 해본 적이 없었다.

두 사람은 잠시 말없이 걸었다. 멜라니가 다시 말을 꺼냈다.

"요리사가 되고 싶은 것 같대."

벤은 이 마지막 말에 아무런 대꾸도 하지 않았다. 걷는 내내 그는 생각했다. '내 아들인데 난 **어떻게 이걸 모르고 있었지?**'

○ ○ ○

그날 밤, 벤은 잘 자라는 인사를 하러 로비의 방에 들어갔다.

"불 *끄자,* 아들. 내일 학교 가는 날이야."

벤은 몸을 굽혀 로비에게 뽀뽀했다.

“잘 자요, 아빠.”

로비가 말했다.

“잘 자렴, 로비. 어제 경기 멋졌어.”

벤은 불을 끄고 문으로 가다가 어두운 방을 향해 다시 돌아섰다.

“로비?”

“네?”

“엄마가 그러는데 태권도를 그만두고 싶어 한다고?”

잠시 침묵이 흘렀다.

“엄마가 말했어요?”

“응, 엄마는 네가 요리를 배우고 싶어 한다고 하더라.”

또 다른 침묵, 이번엔 첫 번째보다 더 길었다.

“음, 네, 아마도요…. 잘 모르겠어요.”

어둠에 익숙해지자 벤은 로비가 등을 대고 누워 천장을 응시하고 있는 게 보였다.

“넌 훌륭한 요리사가 될 거야, 로비.”

“고마워요, 아빠. 하지만… 잘 모르겠어요. 전 아직 그냥 어린애잖아요.”

"할 수 있는 사람이 있다면 그게 바로 너야."

벤은 부드럽게 말했다.

"넌 내가 아는 사람 중에서 가장 창의적이거든."

로비가 놀란 눈으로 아빠를 쳐다보았다.

"정말 그렇게 생각해요, 아빠?"

벤은 천천히 고개를 저었다.

"생각하는 게 아니야, 로비. **확신하는 거지.**"

로비는 몸을 돌리며 미소를 짓고는 잠이 들었다.

12장

혼돈

대망의 월요일, 벤은 앨런 앤드 어거스틴에서 누구와도 약속을 잡지 않았다. 대신에 그는 오전 내내 현장을 돌아다니며 지난주에 만났던 직원들과 이야기하거나 처음 본 사람들에게 인사할 생각이었다.

그의 계획은 이랬다. 최대한 많은 직원들과 만나면서 회사의 현 상황에 대해 대화하며 이 어려운 시기를 헤쳐 나가기 위해 무엇이 가장 필요하다고 생각하는지 각자의 의견을 묻는 것이다. 합병에 대한 직접적인 주장은 하지 않을 것이다. 적어도 노골적으로는 말이다. 은근슬쩍 던지는 방식이 효과적일 수 있으니까.

그게 계획이었지만… 실제로는 그렇게 되지 않았다.

일단 앨런 앤드 어거스틴 사람들을 대면하는 단계에서 그의 계획은 물거품이 되어버렸다. 그는 그저 그들의 이야기를 들었다. 그들이 회사에서 맡은 역할에 대해서, 매일 하는 업무에 대해서, 앨런 앤드 어거스틴에서의 일상에 대해서, 심지어 그들의 인생사 전반에 대해서까지 말이다.

그는 회사에 필요한 것이 무엇인지를 이야기하면서 자신의 논지를 슬쩍 심겠다는 굳건한 의지로 말문을 열었지만… 매번 5분도 채 되지 않아 대화에 푹 빠져들어 자신이 거기 있는 목적을 완전히 잊어버리곤 했다.

벤은 생산팀의 젊은 남직원부터 시작했다. 프랭크가 세밀한 공정을 가르치던 직원이었다. 그다음에는 2층에 있는 수리팀 사람들을 찾아갔고, 뒤이어 다른 층의 다른 팀들을 거쳐 최상층에 도착했다. 앨런의 사무실과 법무팀, 그리고 회계팀이 있는 곳이었다.

벤은 법무팀의 젊은 남직원과 그의 아들이 최근에 입양한 사랑스러운 새끼 유기견에 대해 이야기하는 동안(벤은 지난주에 2층 벽면 사진 갤러리에서 이 사연을 접했다) 사무실 건너편에서 직원 여러 명이 소곤거리며 자신을 힐끗 쳐다보는 것을 알아챘다. 몇 분 후 20대 여직원 한 명이 그에게 다가왔다. 그녀는 몇 걸음 떨어진 곳에 멈춰 서서 벤이 젊은 변호사와의 대화를 마무리하기를 기다리고는 말을 걸었다.

"마든 그룹에서 온 분인가요?"

"네, 제가 벤입니다."

"금요일에 병원에 가셨던 분이에요?"

"네, 맞아요. 당신은… 피비 씨?"

젊은 여성이 고개를 끄덕였다.

"병원에서 그러는데, 할머니와 한 시간이나 함께 계셨다면서요."

사실은 거의 두 시간에 가까웠지만, 벤은 그냥 고개를 끄덕이고는 물었다.

"지금 상태는 어떠세요?"

피비는 잠시 시선을 돌렸다가 벤을 바라보았다.

"돌아가셨어요. 그날 밤에."

피비는 간신히 미소를 지으며 말했다.

"어쨌든 감사하다고 말씀드리고 싶었어요."

벤은 그녀가 악수하려고 손을 내밀고 있다는 걸 깨달았다. 그는 두 손으로 그녀의 손을 잡았다.

"정말 유감입니다."

○ ○ ○ ○

점심시간이 되자 그는 건물을 나와 카페를 향해 빠르게 걸었다. 오늘은 특히 엘르 이모를 만나고 싶었다. 그날 저녁에 예정된 이사회 전에 그녀와 이야기할 수 있는 마지막 기회였다. 무엇보다 자신이 준비한 연설에 대해 그녀의 의견을 꼭 듣고 싶었다.

어느새 집처럼 안락해진 구석 테이블로 지배인이 안내했을 때 그곳은 텅 비어 있었다. 벤이 가장 먼저 온 것이다. '좋아, 혼자만의 몇 분을 활용해보자.'

그는 뜨거운 커피를 주문한 다음, 엘르 이모와 이야기하고 싶은 것을 검토하기 시작했다. 메모장 뒷면이 위로 가도록 테이블에 놓고 재킷 주머니에서 펜을 꺼냈다.

전날 경기장에서 들은 '네 개의 기둥'을 머릿속에서 떨쳐낼 수가 없었다. 분명 김 사범의 공식은 아이들에게 효과가 있었다. 로비가 경기를 장악하고 자기보다 덩치 큰 상대 선수를 쓰러뜨린 방식은 놀라웠다. 그리고 바로 그것이 벤이 오늘 밤 회의실에서 해야 할 일이었다.

어젯밤 그는 노트에 적어놓은 내용들을 살펴보고, 클레어와 엘르 이모와 함께 영향력에 대해 나눈 말들을 곱씹는 데 많은 시간을 보냈다. 그리고 모든 것을 네 단어로 요약하고자 최선을 다했다. 이제 그는 그 네 단어를 메모장 뒷면에 조심스럽게 적었다.

비전

공감

땅에 발 딛기

영혼

극도로 축약된 형태이긴 하지만 그날 저녁에 할 연설의 개요였다.

벤을 알아보지 못하는 웨이터가 주문을 받으러 왔다.

"죄송한데 조금 기다려주실 수 있을까요. 괜찮으시면요. 기다리는 사람이 있어서요."

"물론이죠."

웨이터가 부드럽게 말하고는 빠르게 사라졌다.

벤은 개요로 시선을 돌리고는 마음속으로 연설을 검토하기 시작했다.

먼저 앨런 앤드 어거스틴의 이야기를 그려낼 것이다. 교회 마당 시절부터 놀라운 성장 과정을 거친 회사가 현재의 난관을 극복하고 과거의 영광을 탈환하는 흥미진진한 이야기. 이것이 바로 비전이다.

그리고 그 비전에 사람의 얼굴을 입힐 것이다. 마든 그룹에 인수되기 전에 어려움을 겪던 다른 계열사 직원들의 일화를 몇 가지 공유하고 합병 이후 그들의 삶에 어떻게 새로운 활력이 깃들었는지 설명할 것이다. 이것은 공감이다.

그다음에는 **땅에 발 딛기** 단계다. 이 대목에서 그의 준비성이 빛을 발할 터였다. 그는 **확실하게 대비했다.** 그가 제시하는 변혁은 어려운 과제였지만 실현 가능한 근거를 갖추고 있었다. 마든 그룹은 앨런 앤드 어거스틴이 가장 취약한 부분에서 엄청난 강점을 보여주고 있다.

마지막은 **영혼**이다. 합병과 관련된 사람들이 최선의 이익을 누릴 수 있도록 자신이 얼마나 헌신하고 있는지 호소하며 모두가 만족할 때까지 멈추지 않을 것이라는 열정으로 마무리할 것이다.

웨이터가 다시 왔다. 기다리는 동안 애피타이저를 주문하겠냐고 물었다. 벤이 메뉴판에서 하나를 고르자 웨이터는 다시 사라졌다.

벤은 재킷 주머니에서 접어둔 종이 묶음을 꺼냈다. 연설 노트였다. 기다리는 동안 한 번 더 훑어볼 여유가 있다고 생각했다. 검토하고 기다리고, 또 검토하고 기다렸다.

클레어와 엘르 이모는 나타나지 않았다.

이상하게도 그가 노트를 검토하면 할수록 확신이 점점 사라졌다. 그는 다시 한번 명함 뒷면에 적어둔 단어 목록을 살펴보았다. 그것은 매우 대칭적이고 명확하고 논리적으로 보였다.

애피타이저가 나왔다. 벤은 어떤 맛도 느끼지 못한 채 먹었다.

한 시간이 흘렀다. 그들은 오지 않았다.

벤은 계산을 하고 식당을 나섰다. 앨런 앤드 어거스틴 건물 쪽이 아니라 반대 방향으로 걷기 시작했다. 어디로 향할지 전혀 알 수 없었다.

그는 걸으면서 무엇이 자신을 괴롭히고 있는지 파악해보려 했지만, 애를 쓰면 쓸수록 머릿속은 더 혼란스러워졌다.

그는 걷고 또 걸었다. 도시의 랜드마크들이 스쳐갔다. 금융가 중심부에 있는, 이 도시에서 가장 높은 건물인 리버티 빌딩을 지나칠 때에도, 유명 인사들이 수많은 군중 앞에서 강연하는 거대한 강당을 지나칠 때에도 고개를 들지 않았다. 오래된 패션 거리를 돌아서 '레이철의 소문난 커피' 사무실과 클레어가 일하는 재단이 있는 건물에 다다랐다. 부티크 식료품점과 로프트 아파트들이 늘어선 상류층 동네 한가운데 자리 잡은, 작은 공장을 개조한 5층 짜리 건물이었다.

벤은 계속 걷다가 전날 멜라니와 산책했던 강가에 이르렀다. 머릿속에는 온통 엘르 이모의 질문만 맴돌았다.

'당신이 그들에게 정말로 줄 수 있는 것이 무엇인가요?'

벤은 메모장에 나열한 네 가지 요점을 넘어서는 중요한 무언가가 있다는 막연한 느낌에 휩싸였다. 하지만 실체는 도무지 알 수가 없었다.

"다 맞는 말이야."

그는 혼잣말로 크게 말했다.

"리더는 비전을 가진다. 리더는 자신의 사람을 아낀다 리더는 손을 더럽히고 장화에 진흙을 묻힌다. 리더는 자신의 일을 하고 어려운 결정을 내린다. 그리고 리더는 무언가를 위해 싸운다. 이 모든 것이 다 중요해. 하지만⋯."

벤은 걸음을 멈췄다.

하지만 동시에 그 어느 것도 핵심은 아니었다.

벤은 자신이 서 있는 곳 주변을 둘러보았다. 산책을 하다 보니 어느새 강가의 작은 공원에 와 있었다. 멜라니와 함께 아들을 데리고 놀러 오던 곳이다. 다리가 저절로 자신을 이곳으로 이끈 것 같았다. 벤은 공원 한가운데 서서 네 명의 장님이 코끼리의 다른 부위를 만지고 있는 동상을 마주하고 있었다.

그는 이 이야기를 알고 있었다. 네 장님은 각자 자기가 만진 것을 바탕으로 그 짐승의 실체를 설명한다. 첫 번째 사람은 다리를, 두 번째 사람은 꼬리를, 세 번째 사람은 코를, 네 번째 사람은 상아를 만졌다. 당연하게도 그들은 코끼리를 서로 전혀 다른 생물로 묘사했다.

그 동상은 도시의 원로들이 몇 년 전에 의뢰해서 만들어졌다(벤은 핀다 회장도 이 일에 관여했다는 이야기를 들은 기억이 났다). 동일한 주제에 대해 여러 사람이 서로 다른 관점을 가지고 있을 때, 어떤 견해가 완전히 옳지도, 완전히 틀리지도 않을 가능성이 높다는 것을 시민들에게 상기시키기 위해서 세워진 것이었다.

그러다가 며칠 전 캐런이 했던 말이 떠올랐다.

'다들 좋은 사람이에요.'

그녀는 앨런, 어거스틴, 프랭크에 대해 그렇게 말했다.

'그리고 저마다 사업의 중요한 측면들을 잘 보죠. 각자의 측면만요.'

그는 이것이 바로 네 명의 장님이 '보고 있는' 상황이라고 생각했다. 코끼리의 여러 측면을 보고 있지만, 코끼리는 그 측면들의 합보다 훨씬 더 큰 존재인 것처럼.

벤은 그것에 대해 생각해보았다.

그는 무엇을 놓치고 있는 걸까? 엘르 이모는 이 회사에 줄 수 있는 게 무엇이냐고 물었다. 과연 그가 찾는 코끼리의 실체는 무엇일까? 앨런 앤드 어거스틴에게 필요한 건 뭘까?

갑자기 이상한 소리가 들렸다. 멀리서 들려오는 감미로운 오보에 협주곡 같기도, 잉글리시 혼 소리 같기도 했다.

좌우를 둘러봐도 아무것도 보이지 않았다. 그러다 고개를 들었는데 가을 하늘을 부드럽게 가로지르는 길고 날렵한 V자 형상이 보였다. 가을이 깊어지면서 남쪽을 향해 화살 모양으로 날아가는 철새 무리였다.

"이제 따뜻한 곳으로 향할 시간이지."

벤은 중얼거렸다.

언젠가 V자 대형으로 날면 공기 역학상 효율적이라 지치지 않고 먼 거리를 날 수 있다는 얘기를 들은 적이 있다.

새들을 보고 있는데, 어느 순간 대형이 흐트러지면서 새들의 자리가 바뀌더니 이전과 다른 새가 미끄러지듯 선두를 차지하며 다시 대형을 이뤘다.

벤은 경탄했다. '저렇게 해야 한다는 걸 어떻게 알고 있는 걸까?'

새들이 지평선을 향해 멀어지면서 부드러운 울음소리가 점차 희미해졌다. 지금껏 들어본 것 중 가장 아름다운 소리인 것 같았다.

그때 시계탑이 여섯 번 울렸다. 벤은 깜짝 놀라며 서두르기 시작했다.

이제 연설을 해야 했다.

13장

연설

"앨런 앤드 어거스틴은 지금 어려운 시기에 빠져 있습니다."

연단에 걸터앉은 날씬한 남자가 말을 멈추자 음향 기기에서 '지직' 잡음이 흘러나왔다. 그가 꺼낸 첫 문장이 묵직하게 내려앉자 자리에 빽빽이 모인 500명 남짓의 사람들이 숨을 죽이고 다음 말을 기다렸다.

앨런은 온화하고 겸손한 태세로 연단을 장악하고 청중을 사로잡았다. 그는 어떻게 주도권을 잡는지 알고 있었다. 벤은 감명받았다.

"현실을 직시합시다."

앨런이 계속했다.

"지난 3년은 혹독했습니다. 여러분도 알고, 우리도 알고 있죠…. 그리고 마든 그룹의 회계사들도 알고 있습니다. 가장 중요한 질문은 이겁니다. 이제 우리는 어디로 가야 하는가?"

그는 계속해서 회사의 미래에 대해 고무적인 청사진을 제시하며 지역의 차세대 리더들이 앨런 앤드 어거스틴에서 성장하고 교육받는 비전을 그렸다. 그는 자사가 이룬 대단한 성과들, 다들 처음에는 비웃었지만 나중엔 따라 하게 된 혁신들, 상업적 성공뿐만 아니라 지역사회에 미친 영향력을 되짚었다. 지금의 고난은 주기적인 것일 뿐, 끝이 아니라고도 덧붙였다. 이전에도 큰 압박을 받았지만 이겨냈으며, 이번에도 역사의 무게가 우리의 재기를 떠받쳐줄 거라고 말했다.

감동적이었다. 꼭대기 층 통유리 창 너머로 펼쳐진 풍경 같았다. 하지만 앨런의 웅변에도 불구하고, 벤은 사람들이 완전히 고양되지 않았다는 것을 느꼈다. 그들은 리더의 말에 감동받았고 그에게 헌신했지만 완전히 믿지는 않았던 것이다.

그다음 어거스틴이 천천히 연단으로 걸어 나갔다. 그리고 침착하면서도 빛나는 표정으로 회의실을 둘러보았다. 벤이 예상했던 대로 그가 꺼낸 첫 문장은 앨런 때와는 뚜렷한 대조를 이루었다.

"무슨 말을 할 수 있겠습니까? 전 여러분을 **사랑합니다**."

회의실은 박수갈채로 가득 찼다.

"그리고 더 중요한 것은 여러분을 믿습니다."

더 큰 박수가 울려 퍼졌다.

그는 그 기조로 말을 이어갔다. 앨런 앤드 어거스틴의 사람들을 얼마나 믿고 있는지, 가족처럼 함께 걸어왔고 앞으로 걸어가야 할 수많은 여정에 대해 열정적으로 호소했다.

어거스틴이 연설하는 동안, 벤은 예상치 못한 사실을 눈치챘다. 모두가 그에게 깊고 진심 어린 애정을 품은 것은 분명했지만, 앨런의 메시지와 마찬가지로 그의 메시지에 완전히 공감하지는 않았다. 뭔가 어긋나 있었다. 공기 중에 긴장감과 불확실성이 감돌았다.

벤은 캐런이 맨 뒷줄에 앉아 진행 상황을 지켜보고 있다는 것을 알아챘다. 하지만 그녀의 표정은 여느 때처럼 읽을 수가 없었다.

더 많은 연사들이 연이어 등장했다. 대부분 회사를 향한 변함없는 헌신을, 그리고 은근한 투로 합병은 실수일 것이라는 견해를 내비쳤다. 법무팀의 변호사(아들이 유기견을 입양했던 그 젊은 직원)은 법적, 개인적 관점에서 그들의 선택지를 검토했다. 주요 거래처 중 한 곳의 대표는 스스로를 앨런 앤드 어거스틴의 충실한 고객으로 소개하며 (많은 박수를 받았다) 전날 밤 앨런 앤드 어거스틴 의자에서 어머니가 손자, 그러니까 자신의 어린 아들을 흔들어 재운 감동적인 이야기를 전했다.

하지만 벤에겐 한 단어도 제대로 귀에 들어오지 않았다. 연설이 줄줄이 이어질수록 그는 그들의 말에 집중할 수가 없었고, 그 대신 말로 표현되지 않는 청중들의 분위기에 온 신경이 쏠렸다. 회의실에는 불안의 기운이 감돌았다. 만약 누군가가 이들을 밀어붙인다면, 다들 굴복하듯 대세를 따를 것이라는 예감이 들었다. 어쩌면 회의의 주도권을 그가 잡을 수 있을 것이다.

벤은 손이 찌릿찌릿했다. 순수한 힘이 느껴졌다.

자신의 차례가 되었을 때, 그는 **공들여 선별한** 단어를 적절하게 써서 발언한다면 500명가량의 사람들을 설득하고 원하는 대로 분위기를 조성할 수 있으리란 걸 깨달았다.

일주일 전의 벤이라면 승리를 예견하며 흥분했을 것이다. 하지만 지금의 벤은?

자신이 정확히 **무슨** 감정을 느끼는지 알 수 없었다.

마지막 발언자는 프랭크였다. 연단에 선 커다란 사내는 마음 같아선 다른 곳에 있고 싶지만 해야 할 일을 하러 나왔다는 인상을 뚜렷이 풍겼다. 그는 어떤 메모도 보지 않고 짧게 말했다.

"자, 다들 제 입장을 아실 겁니다. 이 회사는 지구상에서 가장 위대한 회사예요. 두 분이 아니었다면 우리 중 누구도 여기에 없었을 겁니다. 대부분은 아마 일자리도 없었겠죠. 적어도 자신이 좋아하는 일은 못 했을 겁니다. 우리는 모두 이곳에서 위대한 무언가의 일부로 존재합니다. 그것을 망치지 맙시다.”

그는 그날 가장 큰 박수를 받으며 연단에서 내려왔다.

마침내 벤이 말할 차례였다.

그는 계단 세 개를 밟고 연단 위로 올라가 강연대에 노트를 펼쳐놓았다. 그러고는 눈앞에 모인 500명의 청중을 바라보았다.

“음.”

벤은 말을 꺼내려다 음향 기기를 통해 증폭되고 왜곡된 것처럼 들리는 자신의 목소리에 놀라 잠시 움찔했다. 그는 시선을 내려 첫 번째 줄의 맨 끝을 보았다. 한쪽 구석에 부슈널 회장이 와 있는 게 보였다. 벤의 상사는 참관인의 자격으로 회의에 참석했을 뿐 발언권은 없었다. 그들의 시선이 잠시 마주쳤다. 메시지는 명확했다. 이제 모든 것은 벤의 손에 달려 있었다.

“지난주에 저는 여러분의 대표들을 만났습니다.”

벤이 연설을 시작했다.

“앨런과 어거스틴, 프랭크, 캐런을 만났고 그들의 이야기를 들었습니다. 방금 전에 여러 리더들이 한 연설도 들었습니다. 그들의 주장도 일리가 있습니다.”

벤은 말을 멈췄다. ‘자, 주도권을 잡아, 벤.’ 그는 스스로에게 말했다. ‘주도권을 잡아. 고삐를 쥐라고. 잡아, 잡으라고.’

벤은 회의실을 둘러보았다.

‘그런데 그것이 정말 내가 여기에 온 이유일까?’

벤은 노트를 내려다보았다. 산스크리트어로 쓰여 있기라도 한 듯 눈에 들어오지 않았다. 어지러울 정도로 불쾌감이 일면서 자신이 꼼꼼하게 준비한 연설이, 그날 아침 신중하게 계획했던 직원들과의 대화처럼 이해할 수 없는 이유로 다 날아가버렸다는 것을 깨달았다.

그는 다시 청중을 쳐다보았다.

“그렇습니다.”

벤은 천천히 고개를 끄덕이더니 혼잣말을 하듯 조용히 덧붙였다.

“그렇습니다. 그분들의 말씀이 정말 옳습니다.”

잠시 침묵이 흘렀다.

프랭크는 옆에 앉은 사람과 의심스러운 눈빛을 교환했다.

"이제 '하지만…'이 나오겠지."

프랭크가 들리라는 듯 속삭였다.

하지만… 이번엔 '하지만'이 없었다.

"여러분도 아시다시피, 저는 마든 그룹을 대표하여 이 자리에 섰습니다. 저희는 여러분의 회사를 인수하겠다고 제안했습니다. 여러분은 지금 어려운 상황에 처해 있고, 저희는 그 위기를 벗어날 수 있는 자원을 가지고 있습니다. 제 임무는 그 과정에서 마든 그룹이 여러분의 회사를 해체하지 않을 것이라고 설득하는 일입니다."

그는 다시 말을 멈췄다.

"일주일 전, 저는 여러분을 단숨에 사로잡겠다는 심정으로 이 자리에 섰습니다. 여러분을 설득하고 납득시키고, 필요하다면 밀어붙이고 현혹하겠다고 말입니다. 하지만 여러분에게 **제가 매혹당해버렸습니다.**"

벤은 스스로 진실을 말하고 있다는 것을 깨달았다.

"여러분은 정말 대단합니다. 여러분이 얼마나 놀라운

분들인지 아십니까? 저는 일주일 동안 여러분을 지켜봤습니다. 서로를 돌보고 아끼는 모습을요. 여러분의 사업, 고객, 지역사회를 대하는 방식, 맡은 일 하나하나에 담긴 목적의식과 헌신, 그 깊이를요. 여러분은 단순한 의자를 만드는 게 아닙니다. **삶**을 빚어내고 있습니다."

벤은 목이 메는 듯했다. 자신도 예상치 못한 강렬한 감정에 사로잡혀 놀랐다.

"이곳에 처음 왔을 때 저는 여러분의 슬로건이 진부하다고 생각했습니다. '우리는 당신을 받쳐드립니다.' 제가 틀렸습니다. 전혀 진부하지 않습니다. 그것은 순수한 진실이었습니다. 흔히들 회사가 힘든 시기를 지날 때 어떤 모습을 볼 수 있습니까? 서로 뒤에서 더 많이 헐뜯고, 사내 정치가 만연하고, 자리를 지키기 위해 요새를 쌓는 사람들이 늘어납니다. 하지만 여러분은 그렇게 하지 않습니다. **서로를 떠받치고 있습니다.**

저는 많은 분들께 이 회사가 이전의 영광을 되찾는 것을 보고 싶다고 말했습니다. 그 말 또한 제가 완전히 틀렸습니다. 이전의 영광 같은 건 없습니다. 여러분은 오늘, 바로 지금, 언제나 그랬던 것처럼 빛나고 있습니다."

벤은 자신이 신중하게 선별한 사례들을, 지금 눈앞에 방치된 종이에 담긴 논리를 떠올렸다. 훌륭한 논리였다. 견고하고 강력하고 진정한 가치를 담고 있는 것처럼 보였다.

하지만 그건 결국 전부 나, 나, 나에 관한 것이었다고 벤은 생각했다.

'이 회사를 위해 당신의 목숨을 내놓을 수 있나요?' 캐런은 이렇게 물었다. 아마 그러지 못할 것이다. 목숨까지는 걸 수 없다. 하지만 그의 생계는 내놓을 준비가 되어 있었다. 그 생각이 선명하게 떠올라 그는 스스로 놀랐다. 하지만 앨런 앤드 어거스틴이 그들만의 방식으로 성공하는 모습을 보기 위해서라면, 어떤 미묘한 협박이나 조작 없이 성공하는 것을 보기 위해서라면 그는 기꺼이 자신의 직장을 포기할 의향이 있었다.

벤은 깊이 숨을 들이쉬고 천천히 내쉬었다.

"제가 매우 존경하는 어떤 분이 일주일 내내 저를 괴롭힌 질문을 던졌습니다. 제가 여러분에게 정말로 무엇을 줄 수 있느냐고 말이죠. 마든 그룹이 여러분이 필요로 하는 무엇을 가지고 있느냐고요. 저는 그것에 대해 줄곧 생각했습니다. 그리고 이제 답을 알 것 같습니다."

그는 회의실을 둘러보았다. '자, 가자.'

"아무것도 없습니다."

그가 말했다.

"우리가 가진 것 중에 여러분이 필요로 하는 것은 아무것도 없습니다. 자금? 유통망? 레버리지? 그런 게 필요할 수도 있겠죠. 하지만 여러분에게 본질적으로 가치를 더해줄 무언가는 없습니다."

굳이 보지 않아도, 부슈널 회장이 그를 꿰뚫기라도 하듯 눈총을 보내는 게 느껴졌다.

"물론 제게 아이디어는 있습니다. 제법 괜찮은 것들도 있죠."

그는 자신의 노트 뭉치를 들어 올려 흔들어 보였다.

"한마디로, 이 합병은 좋은 선택이라고 봅니다. 진심으로요."

그는 희미한 미소를 지었다. 그리고 덧붙였다.

"하지만."

놀랍게도 조용한 웃음이 속삭이듯 방 안에 퍼졌다. 무슨 의미인지 가늠할 수 없었지만, 지금으로선 그걸 생각할 여유는 없었다.

"그리고."

벤은 계속했다.

"모든 것은 제 아이디어일 뿐입니다. 물론, 마든 그룹에겐 돈이 있습니다. 그것은 사실입니다. 며칠 전 누군가 제게 말했듯 돈은 조직의 생명줄입니다. '돈이 있어야 모든 것이 현실이 되니까요.'

하지만 그것이 진실의 전부는 아닐 거라 생각합니다. 여러분 중 일부는 기억하실 겁니다. 불타버린 교회 마당에 무일푼으로 서 있던 순간을요. 그다음에 무슨 일이 일어났는지도요. 제게는 돈이 회사를 만드는 것이 아니라 회사가 돈을 만드는 것 같습니다."

벤은 생각에 잠겨 말을 멈췄다.

"여러분은 저희가 필요하지 않습니다. 적어도 결정적으로 필요한 건 아닙니다. 그리고 여러분이 저희를 필요로 하는지도 전혀 확신할 수가 없습니다. 저는 두 회사가 '윈윈' 할 수 있도록 협력하는 방안을 제시하려고 했습니다. 하지만 저에겐 앨런의 비전도, 어거스틴의 따뜻한 마음도 없습니다. 여러분의 사업이 현장에서 실제로 어떻게 돌아가는지에 대해서는 프랭크의 엄지 발가락 절반만큼도 알지 못합니다."

벤은 흘끗 위쪽을 쳐다보았다. 뒷줄에 앉아 있던 캐런이 당혹스러운 표정으로 실눈을 뜬 채 그를 쳐다보고 있었다.

"제가 누구이며 무엇을 위해 싸우는지, 이 회사의 미래를 어떻게 전망하는지는 말씀드릴 수 있습니다. 전부 저 자신에 관한 이야기일 뿐이니까요. 하지만 이건 저에 관한 것이 아닙니다. 마든 그룹에 관한 것도 아닙니다. 바로 여러분에 관한 것입니다."

벤은 부슈널 회장과 눈을 마주치지 않으려 조심하며 회의장을 둘러보았다.

"저는 이곳에 와서 할 일이 있었습니다. 여러분이 합병에 '찬성'한다고 말하게 만드는 것이죠. 유감스럽게도 저는 실패했습니다. 여러분을 설득하는 데 실패한 것이 아닙니다. 솔직히 말해서, 여러분이 합병에 '찬성'해야 한다고 저조차도 확신하지 못합니다. 어쨌든 결정은 여러분의 몫입니다. 그리고 그 결정을 내릴 수 있다고 제가 믿는 유일한 사람은 여러분입니다."

벤은 연단에서 내려가려다 문득 생각이 떠올라 다시 마이크 앞으로 돌아왔다.

"아까 언급한 그 질문 기억하십니까? 일주일 내내 저를 괴롭혀온 그 질문, 제가 여러분께 대체 무엇을 드릴 수 있냐는 질문 말입니다. 그 답을 방금 찾은 것 같습니다. 여러분, 제가 드릴 수 있는 건 바로 여러분 자신입니다."

회의장이 조용해졌다.

벤은 사용하지도 않은 노트를 챙겨 단상을 내려왔다. 그러고 나서 회의장 뒤편의 출구를 통해 밤거리로 걸어 나갔다.

14장

주는 리더십

"바로 들어가시면 됩니다."

토머스 J. 부슈널의 비서가 말했다.

"기다리고 계세요."

'당연히 그렇겠지.' 벤은 생각했다.

그날 아침, 마든 그룹 본사에 출근하자마자 그는 부슈널 회장의 호출을 받았다. 그는 지금 회장실 문 앞에 서 있다. 손잡이를 잡은 채, 호랑이 굴로 들어갈 용기를 짜내고 있었다.

그는 한 손을 재킷 주머니에 넣어 접힌 종이를 만지작거렸다. 운이 좋다면 영업팀으로 강등되거나, 그게 아니라면 마든 그룹에서 쫓겨날 게 거의 확실했다. 너무 굴욕적이지 않길 바라지만 아마 호된 질책을 듣게 되겠지. 재앙 같던 이사회가 끝난 뒤, 늦은 밤까지 멜라니와 이에 대해 이야기하면서 그는 해고될 바에야 사직서를 제출하기로 결심했다.

재킷 주머니 속 종이는 다름 아닌 사직서였다.

그는 마음을 다잡고 문을 열고 들어갔다.

큰 책상에는 아무도 없었다. 오른쪽을 보자 널찍한 사무실 저편 벽난로 주위에 의자가 세 개 놓여 있었고 그중 하나는 비어 있었다. 나머지 의자에는 부슈널 회장과 나이 든 여인이 앉아 있었는데, 벤이 다가가자 몸을 돌렸다.

그제서야 벤은 일주일 전 처음 만났던 클레어의 점심 친구가 왜 낯익어 보였는지 깨달았다. **가족이어서 닮은 것**이었다. 그녀와 닮은 사람은 클레어가 아니었다. 바로 마든 그룹의 회장인 토머스 J. 부슈널, 그녀의 아들이었다.

마든 그룹의 창립자이자 총수였던 앤드루 마든은 회

사를 딸에게 물려주었다. 엘리자베스 부슈널 마튼에게….

"엘르 이모님?"

"오, 벤, 어서 와서 앉아요."

벤은 사무실에 들어서자마자 얼어붙은 듯 꼼짝도 하지 못했다. 그의 마음도 그의 발만큼이나 얼어붙었다. 엘리자베스… 엘르…. 클레어가 뭐라고 했더라? **천문학적으로 성공한 사업가라고 했었지.**

"그냥 한 발을 다른 발 앞에 놓기만 하면 이쪽에서 우리와 함께할 수 있어요."

벤의 마음은 여전히 휘청거리고 있었다.

"네?"

그는 멍하게 말했다. 그러고는 엘르 이모가 무슨 말을 했는지 깨달았다.

"아…. 네네."

벤은 억지로 발을 움직여 두 사람이 앉아 있는 곳으로 갔다. 그리고 엘르 이모 옆에 섰다.

"왜… 누구인지 말하지 않으셨어요?"

"알았다면 도움이 되었을까요?"

엘르가 말했다.

생각해보니 아니었다. 만약 지난 일주일 내내 대화를 나눈 사람이 누구인지 알았더라면, 너무 긴장해서 제대로 된 대화 한 번 나누지 못했을 것이다.

"어쨌든."

엘르는 말을 이었다.

"나도 처음엔 당신이 누군지 몰랐어요. 나는 대체로 아들 일에는 관여하지 않으려고 하거든요. 이제 늙은이가 됐으니까요. 내 일만 챙겨야죠. 게다가…."

엘르가 덧붙였다.

"이건 나에 관한 것이 아니었어요. 당신에 관한 거죠."

벤은 잠시 생각에 잠겼다.

"말을 더 적게 할수록 영향력은 더 커진다는 건가요?"

벤은 조심스럽게 말했다.

엘르는 입술을 오므리더니 고개를 살짝 기울였다.

"한 방 먹었네요."

벤은 여전히 엘르 이모의 정체로 인한 충격에서 벗어나지 못한 채, 머릿속으로 지난주의 대화를 미친 듯이 되짚으며 그 함의를 헤아려보려고 애썼다. 그녀의 아버지 (마든 그룹의 창립자!)와 권투선수였던 그녀의 아들(그의 보스!) 이야기, 그리고 그녀의 사업 경험들….

하지만 그걸 다 정리할 시간이 없었다. 재회를 위해 이곳에 온 것이 아니었다. 책임을 지러 온 것이다. 그는 다른 의자 쪽으로 몸을 돌렸다.

"회장님, 일을 완수하지 못해 정말 죄송합니다…."

"알아, 알아."

부슈널 회장이 말했다.

"그런데 말이야, 일단 앉게. 자네가 거기 서 있으니 내가 긴장되잖아."

부슈널 회상은 엘르의 반대편에 있는 빈 의자 쪽으로 고갯짓을 했다.

벤은 앉았다. 그리고 그 익숙하면서도 현실을 초월한 듯한 감각에 깜짝 놀랐다. 이것은 앨런의 사무실에서 앉았던 의자와 정확히 똑같은 느낌이었다.

아니, 잠깐. 바로 그 **의자였다**. 이게 왜 여기 있는 거지?

하지만 그것을 생각할 여유도 없었다. 부슈널 회장이

말을 이어갔다.

"우리는 대량 해고를 감행하려던 게 아니었네. 회사를 조각내고 그들이 쌓아 올린 걸 해체할 생각은 전혀 없었어. 앨런 앤드 어거스틴은 보물이야. 우리는 그저 그들에게 성장할 수 있는 기반과 공간을 마련해주고 싶었을 뿐이지. 앨런과 어거스틴에게도 그렇게 말했어. 하지만 그들이 우리를 신뢰하게 만들지 못했네. 우린 그저 거대한 악당 마든 그룹이니까. 한마디로, 합병 동의를 받아낼 수가 없었지."

무거운 침묵이 사무실 안에 내려앉았다.

벤은 재킷 주머니에 손을 넣어 사직서를 꽉 움켜쥐었다. 지금이 딱 적당한 타이밍인 것 같았다.

"그런데 말이야."

부슈널이 말을 이었다.

"그걸 **해낸** 사람이 한 명 있네. 바로 자네야."

벤의 손이 얼어붙었다.

"네?"

"어젯밤, 이사회가 끝난 후 찾아왔더군. 여기 이 사무실에 앨런과 어거스틴이 말이야. 자네가 '이것은 저에 관한 것이 아닙니다'라고 했던 게 자꾸 떠올랐다고 하더군. 그들이 먼저 대화를 나누고 싶다고 했지. 여기서 두 시간 동안 머물렀네. 그들은 마침내 진짜 문제가 뭔지 깨달았다고 했어. 무엇이 앨런 앤드 어거스틴을 가로막고 있는지 보았다고."

"정말요?"

벤은 너무 놀란 나머지 회장님이라고 부르는 것도 잊어버렸다.

"그게 뭐였나요?"

부슈널은 벤을 바라보았다.

"앨런 그리고 어거스틴."

부슈널 회장이 단순히 회사 이름을 반복한 것이 아님을 깨닫는 데에는 시간이 필요했다. 두 형제는 회사 발전에 가장 큰 걸림돌로 그들 스스로를 지목했다는 뜻이었다.

벤이 천천히 고개를 저었다.

"죄송하지만… 이해가 안 됩니다."

"여기, 내가 보여줄게요."

엘르가 말했다. 그리고 아들에게 몸을 돌려 물었다.

"토머스, 뭐 쓸 수 있는 게 있니?"

부슈널 회장이 작은 메모지와 펜을 꺼내 엘르에게 건 넸다. 그녀는 메모지를 받아 몇 글자를 적었다.

LEAD

그녀는 곡선 화살표를 그려 L과 D의 자리를 바꾼다는 표시를 했다. 그러고는 위치가 바뀌며 새롭게 만들어진 단어를 적었다.

DEAL

"이것이 다양한 리더들, 그리고 영향력 있는 사람들 에게 일어나는 일이에요. 왕, 대통령, 종교와 기업의 수장 들… 집단의 규모, 추종자 수와 상관없이 누구에게나 일 어날 수 있지요. 시간이 지날수록 점점 **주객이 전도되는 거예** 요. 그렇게 수많은 사람들의 신뢰와 믿음, 그들에게 바라는 지침과 영감, 모든 감각을 흡수하면서 그릇과 내용물을 혼동해버려요. 무슨 뜻인지 이해되나요?"

벤은 이해했는지 확신할 수 없었다.

"리더로서 당신은 다른 사람의 희망을 담은 그릇이 돼요. 사람들이 당신을 신뢰한다고 하는 건, 그들의 신뢰를 당신이라는 그릇에 담는 거예요. 그들의 희망, 꿈, 신뢰, 믿음, 심지어 두려움까지 모두 당신의 손에 맡기는 거예요. 하나같이 너무 연약하고 크고 소중해서 스스로 붙들고 있을 수 없다고 느끼기 때문이에요. 그리고 당신은 그들의 무형 자산을 위탁받은 사람인 거죠."

그 순간 벤은 등 뒤로 단풍나무 살대의 부드러운 곡선을 느꼈다.

"좋은 의자처럼요?"

벤이 조심스럽게 말했다.

엘르는 희미한 스핑크스 같은 미소를 또다시 지었다.

"정확해요. 좋은 의자처럼. 당신이 그들을 **받쳐주는** 거예요. 그들이 자신을 믿는 법을 잊었을 때 대신 믿어주는 거죠. **하지만…**"

벤은 그녀를 급히 쳐다보았다. 자신의 폭탄 같은 어휘 사용법을 눈치챈 걸까? 엘르 이모라면 충분히 그럴 만했다. 그녀는 **벤을 놀리고 있었다.**

"하지만."

엘르가 되풀이했다.

"당신은 그들의 **꿈**이 아니에요. 그 **꿈**을 지키는 관리인일 뿐이죠. 하지만 리더들은 너무나 자주 이를 반대로 착각해요. 자신이 다른 이들의 최고 가치를 **받쳐주는** 것뿐만 아니라 자신이 **그 최고 가치**라고 생각하는 거죠. 그러다 **자기 자신이 핵심**이라고 생각하기 시작합니다. 모든 것을 자신에 관한 것으로 여기는 순간, 그리고 자신이 사업의 핵심이라고 여기는 순간, 다른 사람들의 삶에 긍정적인 영향을 미칠 수 있는 능력을 잃는 거예요. 한마디로, **이끌 수 있는 힘**을 말이죠."

벤은 전날의 긴 시내 산책을 떠올렸다. 코끼리 전체를 보지 못한다는, 뭔가 더 큰 그림이 빠져 있다는 막연한 느낌에 사로잡혀 있었다. 그리고 지금 그 큰 그림과 마주한 기분이 들었다.

토머스 J. 부슈널이 다시 말했다.

"그 형제가 말하더군. 자네 연설을 들으면서 뭔가 깨달음을 얻었다고 말이야. 자신들이 회사의 고삐를 너무 필사적으로 쥐고 있는 건 아닌지, 모든 걸 예전 그대로 유지하려고 너무 애쓰고 있는 건 아닌지 돌아보게 되었다고 했네."

이때 엘르가 거들었다.

"그들은 자신들이 슬로건의 핵심을 간과하고 있었던 것 같다고 하더군요. '우리는 당신을 받쳐 드립니다'에서 핵심이 되는 단어는 '우리'도 아니고 '받치다'도 아닌 '당신'이라는 사실을요."

토머스 J. 부슈널은 고개를 끄덕이며 말을 이어갔다.

"두 사람은 자네가 옳다는 걸 깨달았다고 했어. 이렇게 말하더군. '우리에 관한 게 아니었어요. 의자를 만드는 사람에 관한 것도 아닙니다. 우리 의자를 사는 사람들, 우리가 받치는 사람들에 관한 겁니다. 이건 결국 우리의 사업이 아니라 그들의 사업입니다.'"

토머스 J. 부슈널은 잠시 생각에 잠기더니 혼잣말처럼

말했다.

"어머니 말씀처럼 영향력을 키우는 최고의 방법은 그것을 내주는 것이지요."

그가 엘르를 바라보자 그녀는 인정하듯 고개를 끄덕이며 말했다.

"핀다의 역설이지."

엘르가 덧붙였다.

"내 아버지가 가르쳐준 것이 있어요. 절대 잊지 않으려고 애써온 것이죠. **위대한 양육이 어떻게 보이든 간에 그것은 부모에 관한 것이 아니에요. 위대한 가르침은 교사에 관한 것이 아니고. 위대한 코칭은 코치에 관한 것이 아니죠. 그렇다면 위대한 리더십은?**"

"글쎄요."

그녀는 벤을 힐끗 보았다.

"당신은 빈칸을 채울 수 있어요. 사실 전 이미 당신이 채웠다고 생각해요."

부슈널 모자는 말을 멈추고 벽난로를 바라보았다. 벤은 장작이 뿜는 열기를 느끼면서 나무 속 공기주머니들이

팽창해 작게 펑펑 터지는 소리를 들었다. 무슨 말을 해야 할지, 아니 말을 해야 할지조차 알 수 없었다.

갑자기 토머스 J. 부슈널이 말했다.

"벤, 인수합병팀에서 자네는 끝이네. 나가야 해. 오늘 부로 즉시."

이제 벤의 머리가 벽난로 장작처럼 펑! 하고 터질 것만 같았다. 해고될 거라 예상은 했지만 이렇게 갑작스럽게 닥칠 줄은 몰랐다.

"제가… 알겠습니다, 회장님."

벤은 다시 재킷 주머니에 손을 넣으며 말했다.

"사실 저도 여기 올 때 준비한 게…."

"잘됐군."

부슈널이 말을 이었다.

"자네에게 다른 제안이 있거든."

벤은 다시 얼어붙었다. 손에 사직서를 쥔 그대로.

"다른… 제안이라뇨?"

"그래, 어제 앨런 앤드 어거스틴 투표가 순조롭게 통과됐다는 거 들었겠지?"

"회장님?"

벤은 갈피를 잡지 못했다. 잘 진행됐다고? 두 형제가 심야에 마든 그룹을 찾아왔다는 기이한 이야기는 제쳐둔다 해도, 그는 자신이 회의장을 떠난 뒤 합병 안건은 완전히 부결되었을 거라고 생각했다.

"그래. 첫 번째 투표에서 80퍼센트 이상 찬성했고, 몇 분간의 토론 끝에 진행한 두 번째 투표에서는 만장일치였네. 지금 이 순간에도 계약서가 작성 중일 거야. 앨런 앤드 어거스틴이 곧 마든 그룹의 일부가 되는 거지."

벤은 이 급반전에 너무도 놀란 나머지, 부슈널 회장이 자신을 해고한다고 했던 것을 까맣게 잊었다. 벽난로에서 크게 쩍! 하는 소리가 나고 나서야 생각이 다시 돌아왔다.

"잠시만요."

그가 불쑥 말했다.

"제게 다른 제안이 있다고 하셨잖아요?"

토머스 J. 부슈널은 동의하듯 '끙' 하는 소리를 냈다.

"합병 찬성에 조건이 붙었네. 그들이 원하는 한 가지가 있었어. 우린 최선을 다해 들어주겠다고 약속했네. 앨런 앤드 어거스틴이 다른 회사의 일부가 될 거라면, 그들은 새로운 사람이 리더가 되길 원해. 형제들도 동의했고."

엘르가 다시 말했다.

"형제들은 어젯밤에 자네에게 가져다줄 게 있어서 왔다고 하더군요."

"저한테요?"

그러자 엘르는 미소를 지었다. 특유의 스핑크스 같은 희미한 표정이 아닌 진짜 미소였다. 환하게 빛나는, 서리도 녹일 듯한 그런 미소였다.

"지금 당신이 거기 앉아 있어요. 첫 번째 의자. 이제 그 의자는 당신 거예요. 그리고 앨런이 이 말을 전해달라고 했어요. 아마 무슨 뜻인지 알 거라면서요. 그렇게 말했던 것 같아요. 이제 더 큰 건물로 이사할 시간이라고."

첫 번째 의자? 내 거라고?

"파리 들어가겠어요. 입은 다물어요."

엘르가 말했다.

벤은 자신을 받치고 있는 매끄러운 나무의 표면을 느끼며 처음 만났을 때 앨런이 했던 말을 떠올렸다.

겨우 일주일 전이었던가? 8층 사무실에서 앨런은 이렇게 말했었다.

'우리가 여전히 그 의자를 가지고 있는 이유는 그것을 내주었기 때문입니다.'

앨런은 그때 자신도 모르게 리더십에 대해 말하고 있었던 걸까?

더 많이 내줄수록 더 많이 가지게 된다는 엘르 이모의 말도 떠올랐다.

그게 답이었을까? 스스로 놓치고 있다고 느꼈던 그 조각, 리더십의 여러 측면이 아니라 전체가?

"토머스가 지난주에 당신을 보낸 건 당신이 어려운 상황에서 리더십을 발휘할 줄 아는 사람이란 걸 알았기 때문이에요. 실제로도 그랬고요. 하지만 때로는 리더십을 발휘하는 게 아니라⋯."

엘르는 부드럽게 말했다.

"리더십을 주는 것이 중요하죠."

그녀는 잠시 멈추고 한쪽 눈썹을 치켜 올리며 벤의 반응을 기다렸다.

“준다?”

벤의 목소리가 갈라졌다. 입이 바짝 말랐다. 목을 가다 듬고 다시 말했다.

“리더십을 준다고요?”

엘르가 손짓했다. ‘마치 공기처럼 주위 어디에나 있잖아요, 보이나요?’ 하고 말하는 것처럼.

“**주는 리더십**은 사람들에게 힘을 실어준다는 것을 의미 하죠. 그들을 떠받치는 것이기도 해요. 이른바 ‘리더 자리’ 에 있는 사람만을 위한 것이 아니에요. 자녀에게도, 직장 동료에게도, 친구에게도 **리더십을 줄 수 있어요.**

누구에게나 가능해요. 상대방을 믿고 지지하고 격려 하고 존중할 때, 당신은 그들에게 **리더십을 주는 거예요.** 이것 은 특별한 종류의 리더십이기도 해요. 섬김의 리더십처럼 말이죠. **주는 리더십**은 리더십의 한 유형이지만 그 이상의 것이에요. 삶의 방식이죠.”

엘르가 손을 뻗어 벤의 손을 토닥였다.

“벤, 항상 회장님을 만나고 싶어 했죠?”

벤이 멍하니 고개를 끄덕였다. 마치 꿈을 꾸는 것 같았다. 어쩌면 정말 꿈속일지도 모른다고 생각했다.

"자,"

엘르가 안경을 코 위로 밀어 올리고 벤을 또렷이 바라보았다.

"이제 당신이 회장이에요."

벤은 자기 손으로 뺨을 꼬집을 뻔했다. 이게 정말 현실인지 확인하고 싶어서. 그는 토머스 J. 부슈널을 힐끗 쳐다보았다. 엘르 이모가 하는 말이 자신이 이해한 그 의미가 맞는지 확인이 필요했다.

부슈널은 그저 어깨를 으쓱했다. '자네도 들었잖아, 어머니 말씀'이라고 말하는 듯했다.

엘르가 자리에서 일어나 벤을 향해 돌아섰다.

"이제 임원진을 만나볼 시간인 것 같네요."

그녀는 벤의 어깨에 손을 얹고 충격이 가시지 않은 그의 얼굴을 바라보았다.

"내 친구가 이런 말을 했어요. 당신의 영향력은 타인의 이익을 얼마나 앞세우는지에 따라 결정된다고요. 당신은 그렇게 했죠. 어젯밤, 당신은 그들에게 리더십을 줬어요."

그녀가 다시 미소를 지었다. 그리고 벤이 기억하는 한 처음으로 작게 소리 내어 웃었다.

"그리고 이제 그들이 당신에게 리더십을 주고 있어요."

전설적인 리더십을 위한 다섯 가지 열쇠

1. 비전을 붙잡아라

- 마음으로 이끌어라.
- 누구나 비전을 제시할 수 있다.
  어려운 것은 그 비전을 유지하는 일이다.
- 사업을 비롯해 무엇이든 일구는 것은 믿음의 행위다.
- 내가 가고 있는 곳을 마음의 눈으로 계속해서 보라.
  특히 어느 누구도 그걸 보지 못할 때.
- 자신이 어디에서 왔는지 절대 잊지 마라.
- 인칭대명사 사용에 신중하라.

2. 사람을 키워라

- 가슴으로 이끌어라.
- 사람들에게 좋은 목표, 위대한 목표를 제시하면
  대개 그 목표를 달성해낸다.
- 양보할수록 더 큰 힘을 갖게 된다.
- 영향력의 본질은 끌어당기기다. 밀어내기가 아니라.
- 요령은 힘의 언어다.
- 반응하지 말고 대응하라.

3. 나의 일을 하라

- 직관으로 이끌어라.
- 내가 하는 일을 속속들이 이해하라.
- 어마어마하게 겸손하라.
- 땅에 발을 붙이고 있어라.
- 장화에 진흙을 묻혀라.
- 나 자신을 믿어라.

4. 무언가를 위해 싸워라

- 영혼으로 이끌어라.
- 말을 통해서는 가장 적게, 행동을 통해서는 좀 더 많이,
  그리고 내가 누구인지를 통해서는 가장 많이 줄 수 있다.
- 능력은 중요하다. 인격은 더 중요하다.
- 인격은 삶이 나의 영혼에 흔적을 새길 때 만들어진다.
- 스스로 성장하는 만큼만 이끌 수 있다.
  그리고 스스로 허락하는 민큼 성장할 것이다.

5. 주는 리더십을 실천하라

- 주객이 전도되지 마라.
- 나 자신이 핵심이라고 생각하지 마라.
- 위대한 리더십은 결코 리더에 관한 것이 아니다.
  위대한 리더십이란 사람들을 받쳐주는 것이다.
- 영향력을 키우는 가장 좋은 방법은 그것을 내주는 것이다.
- 더 많이 내줄수록 더 많이 가지게 된다.

사람들이 갓난아기를 보면서 가장 먼저 하는 말은 무엇일까?

"엄마 눈을 닮았네…. 턱 좀 봐, 아빠랑 똑같잖아!"

시간이 조금 더 지나면 조부모의 흔적도 찾아볼 수 있다.

"장난기 가득한 미소 봤어? 제 외할아버지를 빼다 박은 게… 정말 놀라운걸. 외탁했나 보네."

책도 아기와 같다. 표지에는 책의 부모, 그러니까 작가의 이름이 쓰여 있지만 그 DNA는 훨씬 더 복잡한 양상을 띤다. 문장 한 구절, 단어 하나하나 자세히 들여다보면 증조부모, 삼촌, 이모, 사촌, 먼 친척을 아우르는 인연의 지문과 눈동자 색이 무수히 스며들어 있다.

이 책의 정체성에 영향을 준 수많은 사람들 중에서도 특히 감사의 마음을 전하고 싶은 이들이 있다.

인간관계론의 대가로 불리는 데일 카네기는 "강제로 설득당한 사람은 여전히 같은 생각을 고수한다"라는 시대를 초월한 통찰을 건네주었다. 소설가 조앤 디디온이 남긴 명문인 "나는 내가 무슨 생각을 하는지 알아내기 위해 글을 쓴다"는 이 책을 쓰는 내내 큰 힘이 되어주었다.

《인간관계의 기술》에서 '당신이 상대에게 부여한 기대에 그들이 부응하도록 내버려두라'는 아이디어를 전한 레슬리 기블린, 그리고《당신의 회사를 인간답게 만드는 법 Making Your Company Human》으로 영감을 준 르 헤론에게도 감사하다.

트리그비 매그니션은 프롬 더 포레스트 From the Forest 의 창립자로, 앨런 앤드 어거스틴의 '목재 요리' 공정을 뒷받침해주었다.(그는 정교한 컴퓨터 제어 증기 분사 장치나 물은 전혀 사용하지 않는다고 알려져 있다.)

전설적인 에이전트 마거릿 맥브라이드는 인칭대명사의 함의에 대해 친절하게 짚어주었으며, 로버트 맥니시

박사는 지금도 자주 회자되는 1972년의 설교 "거위에게 배우는 교훈"을 들려주었다.

리더십 전문가 벳시 마이어스가 묘사한 사우스웨스트항공Southwest Airlines 댈러스 본사의 사진 갤러리는 앨런 앤드 어거스틴의 '일상 미술관' 장면을 구상하는 데 영감을 주었다. 소설가 줄리언 F. 톰슨은 요한고등학교와 체인지스Changes, Inc.의 탁구실 아이디어를 주었다.

매사추세츠주 선더랜드에 있는 식당 블루 헤론Blue Heron의 사장님과 직원들, 단골들에게도 감사하다. 에르네스토가 만족스러워할 만한 이곳의 전채 요리를 먹으면서 이 책의 많은 부분을 썼다.

엘르가 깅조했듯이, 영향력의 본질은 '밀어내기'가 아닌 '끌어당기기'에 있다. 이 이야기의 핵심을 이루는 데 수많은 사람들의 도움이 있었지만, 마거릿 맥브라이드(다시 한번), 페이 애치슨, 앤 봄케, 도나 데구티스에게 특히 고맙다. 이들은《더 기버 3》의 잠재력을 초고 수준에서부터 줄곧 믿어주었고 그 힘을 드러낼 수 있도록 열성을 다해 우리를 격려해주었다.

이 책의 상을 포착하고 구체화하는 데 힘쓴 포트폴리오Portfolio 출판사의 훌륭한 팀원들, 에이드리언 자크하임과 브룩 케리, 제시 마에시로, 에밀리 에인절, 재클린 버크, 모린 콜, 나탈리 호르바체프스키, 빌 바이서, 브리트니 윈케, 코트니 영에게 감사를 표한다. 누군가를 성장시키는 데 능숙한 이들이야말로 작가들이 바라는 최고의 출판 파트너일 것이다.

'더 기버' 시리즈 초창기부터 우리와 함께해준 독자들, 피오나 애시, 앤 봄케, 도나 데구티스(다시 한번!), 딕시 길래스피, 조지핀 그로스, 마이클 마허, 애나 가브리엘 만, 마이크 루빈, 돈디 스쿠마치, 스콧 스미스, 수전 윌슨 소로비크는 뛰어난 통찰과 냉철함으로 이 책 전반을 다듬는 데 여러모로 도움을 주었다.

캐시 타혜넬은 다재다능함과 너그러운 마음으로 온라인 활동에서부터 라이브 행사에 이르기까지 '기버' 프로젝트의 모든 단계를 주도하고 실행하는 데 큰 힘이 되었다. 우리는 가능한지조차 몰랐던 일을 캐시는 언제나 방법을 찾아 해결해주었다.

애비 매클렁은 독서에 대한 애정과 사려 깊은 제안으로 이 책이 세상에 나오는 데 큰 기여를 했다. '기버' 평생 공로상을 받은 지그 지글러, 존 C. 맥스웰, 콜린 배럿에게도 고마움을 전한다. 이들은 리더십의 본질에 충실하며 리더가 '핵심'이라고 착각하지 않았다. 그 밖에도 이 책이 표방하는 삶의 모범을 보여준 여러 리더들에게 감사하다.

마지막으로 우리에게 너무나 많은 것을 준 독자들에게 깊은 감사를 전한다. 여러분에게 받은 것을 조금이나마 돌려줄 수 있어서 기쁘다.

독자들을 위한 토론 가이드

많은 독자가 북클럽, 스터디 모임, 종교 모임, 지역 공동체, 혹은 친구와 가족 들과 함께 이 책을 읽고 광범위한 토론을 펼쳤습니다. 독자들의 토론에 길잡이가 될 만한 질문들을 다음과 같이 소개합니다.

1. 벤은 클레어와의 만남을 통해 앨런 앤드 어거스틴의 내부 사정을 파악할 수 있을 거라고 기대했습니다. 어떤 측면에서 그의 계획이 성공했다고 생각하나요?

2. 벤은 앨런 앤드 어거스틴의 네 임원을 각각 다른 장소에서 만납니다. 이 네 가지 장소가 임원들 네 명의

독특한 리더십을 어떤 식으로 반영하나요? 더불어 리더로서 어떤 강점과 약점을 발견할 수 있을까요?

3. 합병에 대한 네 임원의 초기 입장은 무엇이며, 각 인물을 어떻게 반영하고 있나요? 이야기의 말미에 네 임원의 입장은 어떻게 변했나요? 합병에 관한 투표 결과에 누가 가장 큰 영향을 미쳤을까요?

4. 엘르는 벤에게 "영향력의 본질은 **밀어내기**가 아니라 **끌어당기기**"라고 말했습니다. 이 말은 무슨 의미일까요? '밀어내기'보다 '끌어당기기'를 통해 큰 영향력을 보여준 리더로는 누가 있을까요?

5. 엘르는 벤에게 "더 많이 양보할수록 더 큰 힘을 얻는다"라고 말합니다. 극중에서 이 원칙이 구체적으로 드러나는 사례가 있나요? 당신도 이와 같은 사례를 경험한 적이 있나요?

6. 앨런 앤드 어거스틴은 수년 전 화재로 모든 것(또는 거의 모든 것)을 잃었습니다. 벤과 멜라니는 아이를 잃었습니다. 회계팀의 피비는 할머니를 잃었습니다. 앨런 앤드 어거스틴의 직원들은 회사를 잃을까 봐 걱정합니다. 벤도 직장을 잃을까 봐 걱정합니다. 이 책이 상실에 대해 무엇을 말한다고 생각하나요?

7. 교회 화재에서 다시 일어섰던 일화에서 드러나듯, 앨런은 사람들에게 선명한 비전을 보여주고 그 비전을 끝까지 지켜내어 어떤 어려움 속에서도 자신을 따르게 합니다. 당신에게도 그런 리더가 있었나요?

8. 앨런은 리더에게 가장 중요한 것은 "자신이 어디서 왔는지 절대 잊지 않는 것"이며, 리더의 가장 큰 임무는 "어디로 가고 있는지에 대한 그림을 명확히 그리는 것"이라고 말합니다. 두 가지가 모순으로 보인다면 이유는 무엇인가요? 그렇지 않다면 이유는 무엇인가요? 두 가지의 공통점은 무엇일까요?

9. 어거스틴은 타인의 잠재력을 이끌어내는 탁월한 능력이 있습니다. 이와 비슷한 리더를 알고 있나요?

10. 어거스틴은 나무에 열을 가하면 감춰진 색이 드러나듯, 사람에게 **믿음**을 줄 때 숨겨진 자질이 드러난다고 말합니다. 벤은 이 통찰을 어떻게 적용하나요?

11. 어거스틴은 벤에게 "사람들에게 좋은 목표, 위대한 목표를 제시하면, 대개 그 목표를 달성해냅니다"라고 말합니다. 이와 비슷한 경험을 한 적이 있나요?

12. 레이철은 핀다의 성공담을 들려줍니다. 그리고 삶의 모든 전압이 그의 회로를 태우지 않은 이유는 그가 "땅에 발을 딛고 있기 때문"이라고 전합니다. 그런 묘사에 부합하는 리더를 알고 있나요?

13. 캐런은 벤에게 이렇게 질문합니다. "당신의 입장은 무엇인가요? 그리고 무엇을 위해서 싸우나요?" 그

녀는 답을 찾았을까요? 만약 그렇다면, 그 시점은 언제였나요?

14. 벤은 병원을 싫어함에도 회계팀 피비의 할머니 병실에 들어가 거의 두 시간 동안 머뭅니다. 그는 왜 그렇게 했을까요? **스스로** 그 이유를 알았을까요? 이 방문이 벤에게 어떤 영향을 미쳤다고 생각하나요?

15. 철새의 어떤 특징이 벤의 관심을 사로잡았을까요? 왜 그는 철새의 울음소리를 지금까지 들어본 것 중 가장 아름다운 소리로 느꼈을까요?

16. 합병 여부를 결정하는 이사회를 위해 벤은 꼼꼼하게 연설문을 준비했습니다. 만약 그가 계획한 대로 연설을 했다면 어떤 일이 벌어졌을까요?

17. 앨런은 그들이 최초로 제작한 의자에 대해 이야기하면서 그 의자를 아직도 갖고 있는 유일한 이유는 다

른 사람에게 주었기 때문이라고 말합니다. 훗날 벤은 앨런이 무의식적으로 리더십에 대해 이야기한 것일지도 모른다고 생각합니다. 인생에서 다른 사람에게 주어야만 얻을 수 있는 것으로는 또 무엇이 있을까요?

이 책에 관한 Q&A

'더 기버' 시리즈를 집필하면서 우리는 이메일과 대면 만남을 통해 독자들로부터 무수히 많은 질문을 받았습니다. 그중 가장 자주 들었던 몇 가지를 소개하고 이에 관한 최선의 답변을 정리했습니다.

Q. 리더십에 대해 글을 쓰게 된 계기는 무엇인가요?

A. 우리 둘 다 평생 리더십에 매료되어 있었습니다. 우리 시대 최고의 리더십 사상가와 스승들을 인터뷰할 기회를 (때로는 함께 일할 기회를) 갖기도 했습니다. 하지만 리더십에 대한 가장 큰 통찰과 영감의 원천은 부모님이

었습니다.

밥의 아버지는 아이들뿐만 아니라 부모에게도 삶의 교훈을 가르치는 인생 학교를 운영했습니다. 존의 아버지는 많은 사랑을 받은 교회 합창 지휘자로 우리가 생각하는 '리더를 따르라'는 격언의 생생한 본보기였습니다. 두 분 다 '주는 리더십'을 훌륭하게 보여주었고 많은 이들의 사랑과 존경을 받았습니다.

밥의 어머니는 직원들과 자녀들을 끊임없는 사랑과 격려로 이끌었고, 어떤 어려움이 닥쳐도 해결책을 찾는 데 집중했습니다. 존의 어머니는 교사이자 극작가로 아이들과 함께 해왔고, 늘 '마음먹고 시작하면 뭐든 해낼 수 있다'고 말하며 아들인 존에게 리더십을 주었습니다.

Q. 이 책은 실화를 바탕으로 한 이야기인가요?

A. 이 책은 우화의 형식을 취하고 있지만 《더 기버 1》과 마찬가지로 등장인물이나 에피소드 대부분은 우리가 실제로 아는 사람들이나 경험, 목격한 일을 바탕으로 합니다. 링컨과 처칠의 명언, 르 헤론의 일화뿐만 아니라 복

싱 스킬, 엘르가 아버지에게 들었던 최악의 연설 조언, 로비의 태권도 대회, 피비 할머니의 마지막을 지키던 것 등, 많은 부분을 우리 주변의 삶에서 가져왔습니다. 무엇보다 중요한 건, 그 원칙들이 진실하다는 점입니다.

Q. 앨런과 어거스틴은 실존 인물에 근거했나요?

A. 여러 측면에서 보면 그렇습니다. 우선 두 인물의 이름은 불멸의 고전인 《생각의 법칙 As a Man Thinketh》를 쓴 제임스 앨런 James Allen과 《세상에서 가장 위대한 세일즈맨 The Greatest Salesman in the World》의 저자인 어거스틴 오그 만디노 Augustine "Og" Mandino에서 따왔습니다. 두 작가야말로 우리가 만난 누구보다도 우리의 비전과 마음을 잘 대변하는 인물들입니다.

더불어, 언젠가 우리와 실제로 만나게 된다면 '호리호리하고 목소리가 부드러운 신사'와 '떡 벌어진 어깨로 따뜻하게 환영하며 힘찬 악수를 건네는 남자'가 묘하게 연상될지도 모릅니다.

Q. 전설적인 리더십을 위한 다섯 가지 열쇠는 어디에서 나온 건가요?

A. 《더 기버 1》의 '천문학적 성공을 이루는 다섯 가지 법칙'과 마찬가지로 '전설적인 리더십을 위한 다섯 가지 열쇠'는 비즈니스와 삶 속에서 우리가 경험하고 관찰한 것들, 그리고 무수히 많은 스승들에게 전수받은 지혜와 경험의 결정체입니다.

처음 세 가지 열쇠, 즉 머리, 가슴, 직감으로 이끄는 원칙은 우리가 오랫동안 구상했던 것입니다. 네 번째 열쇠 '무언가를 위해 싸워라', '영혼으로 이끌어라'는 조금 다릅니다. 《더 기버 1》의 '진정성의 법칙'처럼 개인적이고 친밀한 것으로, 앞의 세 가지 열쇠에 깊이를 더해줍니다.

《더 기버 1》에서 '수용의 법칙'이 그랬듯이, 다섯 번째 열쇠의 '주는 리더십을 실천하라'는 다소 놀라운 발견이었으며, 글을 써나가는 과정에서 서서히 윤곽을 드러냈습니다.(다섯 번째 열쇠가 있으리라는 건 알았지만, 구체적으로 어떤 모습일지는 몰랐습니다.) 다섯 번째 열쇠는 나머지 네 개의 열쇠를 제대로 작동하게 만듭니다. 모두 합치면 네 손가락과 엄지손가락처럼 완전한 한 손을 이룹니다. 리더십은 사랑과 같습니다. 혼자 움켜쥐고 있으면 시들어 사라지지만, 기꺼이 나누면 기하급수적으로 커집니다.

Q. 얼핏 앨런, 어거스틴, 프랭크, 캐런이 힘을 합쳐도 회사를 구할 수 없었다는 것처럼 보입니다. 이들의 리더십이 효과적이지 않았다는 뜻인가요?

A. 절대 그렇지 않습니다. 네 사람의 리더십을 부인하거나 폄훼하려는 것은 아닙니다. 비전과 공감, 현실적 토대와 영혼, 김 사범의 표현을 빌리자면 **마음, 연결, 흐름, 존중**이죠. 하지만 위대한 리더십이라는 문은 단 하나의 열쇠로 열리지 않습니다. 인생이란 본래 험난하고, 시대는 계속 변화합니나. 새로운 도전은 예고 없이, 그리고 가차 없이 되풀이되며 찾아옵니다. 이 말인즉 어제까지 이룬 성취가 아무리 대단하다 하더라도, 과거의 영광에 안주할 수 있는 여유가 허락되지 않는다는 뜻입니다.

앨런, 어거스틴, 프랭크, 캐런을 이 결정적인 순간으로 이끈 핵심도 여기에 있습니다. 아무리 탁월한 리더라 할

지라도 기버의 관점과 시각으로 끊임없이 쇄신하지 않으면 한계에 부딪힐 수 있다는 점입니다.

물론 이 네 명의 리더십으로도 강력하고 성공적인 리더의 길을 걸을 수 있습니다. 하지만 궁극적으로 다섯 번째 열쇠가 없다면 그 성공은 오래가지 못하거나 진정한 잠재력을 발휘하지 못할 것입니다.

Q. '주는 리더십'과 '취하는 리더십'을 비교하고 있는데, 리더십을 발휘하는 것 자체가 잘못됐다는 뜻인가요?

A. 꼭 그렇지는 않습니다. 오히려 어려운 상황이나 중요한 일이 제대로 진행되지 않을 때는 누군가 용기를 내어 나서는 것이 현명한 행동일 수 있습니다. 역사에 이름을 남긴 위인 중에는 무리를 이끌며 리더십을 발휘한 경우가 적지 않습니다.

하지만 리더십을 **발휘한다**는 것이 고삐를 잡는다거나, 통제권을 쥔다거나, 우위를 점하면서 다른 사람들을 억누르고 짓밟는 결과를 낳는다면 이는 분명 잘못된 행동이라고 할 수 있습니다.

이런 질문은《더 기버 1》에서도 자주 받습니다. 잘 받는 것, 즉 '게터go-getter'를 지향하는 것이 나쁘다는 뜻이냐고요. 전혀 아닙니다. 우리는 '게터'를 사랑합니다! 그들은 주도적이고 과감히 실천하며 일을 완수합니다. 가장 이상적인 것은 게터인 동시에 기버가 되는 것입니다. 이와 마찬가지로 필요한 상황에서 주저하지 않고 리더십을 발휘하는 것은 멋진 일입니다. 다만 리더십을 취할 용기와 함께 그것을 기꺼이 나눌 담대함까지 지닌다면 금상첨화일 것입니다.

Q. '주는 리더십'과 '섬기는 리더십'은 동일한가요?

A. 둘은 분명 비슷한 부분이 있습니다. 주는 리더십은 두 가지 측면에서 볼 수 있습니다. 하나는 명사(정확히는 형용사)로서 섬기는 리더십, 즉 자신을 내세우고 주목받는 대신 타인을 빛나게 하는 데 집중하는 리더십 유형입니다. 동시에 이 단어는 동사이기도 합니다. 리더십을 타인에게 주는 행위를 말합니다.

Q.《더 기버 1》에 등장했던 클레어가 친구인 벤에게 핀다와 레이철을 언급하기도 하는데, 이외에《더 기버 1》과 연결된 다른 이야기들이 있나요?

A. 극중 클레어가 일하는 '지역의 대규모 비영리단체'는 바로 '레이철의 소문난 커피' 재단입니다. 사실 클레어는《더 기버 1》에서 이 자리를 제안받았죠.

앨런 앤드 어거스틴 근처에서 벤이 클레어와 엘르 이모를 만나 점심을 먹는 곳은 '이아프라테'입니다.《더 기버 1》에서 조가 에르네스토를 만나 첫 번째 성공 법칙을 배운 그곳이죠. (그리고 두 책에서 모두 살 지배인을 만나기도 합니다.)《더 기버 1》의 말미에 클레어가 이아프라테에 처음 가려는 장면이 나오는데 어느새 단골이 되었나 보네요.

《더 기버 1》에서 조는 레이철이 핀다에게 채용되자마자 "핀다의 집을 드나드는 수많은 사업가들 (…) 사이에서 순식간에 인기인이 되었다"라는 사실을 알게 됩니다. 그 중 한 명이 엘르였습니다.

《더 기버 3》에서 엘르는 핀다가 말한 '영향력의 법칙'을 인용하는데, 그것이 바로 이야기의 토대가 됩니다. 클레어는 벤에게 핀다의 과거에 대해서 더 많은 이야기를 들려주기도 합니다.

마지막으로 벤이 깊은 생각에 잠겨 산책할 때, 《더 기버 1》에서 조의 여정을 상징하는 랜드마크들이 등장합니다. 샘 로즌의 사무실이 있는 리버티 빌딩(앨런의 사무실에서 바라보던 서쪽 산맥과 풍경이 똑같은), 조가 데브라 데븐포트로부터 진정성에 대한 깨달음을 얻은 강당, 그리고 '레이철의 소문난 커피'까지 나옵니다. 물론 이 산책은 조가 다섯 가지 성공 법칙을 배우는 여정을 시작한 에르네스토의 카페에서 출발하죠.

Q. 이번 책에서는 핀다를 보지 못해 아쉬웠습니다. 언젠가는 그가 다시 돌아올까요?

A. 우리는 엘르가 현명한 멘토 역할을 충분히 해낼 수 있다고 판단해서 핀다를 등장시키지 않았습니다. 하지만 사실 핀다는 직접 모습을 드러내지 않았을 뿐, 결코 멀리 있지 않습니다. 엘르가 그의 말을 인용하고, 클레어는 그의 젊은 시절 이야기를 들려주며, 벤은 그를 만나는 것이

평생의 꿈이라고 고백하죠.

다른 인물들이 핀다를 직접 언급하지 않을 때조차도 그는 여전히 그곳에 존재하고 있습니다. 무대 뒤에서 조용히 존재감을 드러내면서요.

도심 한가운데 세워진 코끼리를 만지는 네 명의 맹인 조각상은 핀다가 세운 것입니다. 그리고 앨런 앤드 어거스틴의 첫 번째 의자를 기억하시나요? 앨런이 디자인하고 프랭크가 제작한 그 의자. "우리가 이 의자를 아직도 가지고 있는 유일한 이유는 그것을 다른 사람에게 주었기 때문입니다"라고 말한 바로 그 의자 말이죠(또다시 등장하는 핀다의 역설). 이야기 말미에 결국 벤의 것이 되는 그 의자는 어떤 면에서 보면 핀다 자신을 대변한다고 볼 수 있습니다. 결국 그도 '회장'이라고 불리니까요.

핀다가 다시 직접 등장할지는 확실히 말씀드릴 수 없지만, 그렇다 해도 전혀 놀랍지 않을 것 같습니다.

THE GO-GIVER 3

옮긴이 | 김민정

통번역대학원을 졸업하고 통역사와 번역가로 일하고 있다. 책을 사랑하고 좋은 말, 좋은 글의 힘을 믿는다. 현재 출판 번역 에이전시 글로하나에서 다양한 분야의 영미권 도서를 번역하고 검토하며 출판 번역가로 활동 중이다. 옮긴 책으로는 《디즈니 주토피아 소설》, 《디즈니 모아나 소설》, 《이것저것 동물들의 하루》, 《스탠퍼드 아동미술 클래스》, 《원어민도 실수하는 회사 영어 글쓰기》, 《미첼 가족과 기계 전쟁 아트북》, 《스티븐 유니버스 아트북》 등이 있다.

더 기버 3

결국 원하는 결과를 내는 리더의 비밀

초판 1쇄 인쇄	2026년 3월 17일
초판 1쇄 발행	2026년 3월 31일
지은이	밥 버그, 존 데이비드 만
옮긴이	김민정
책임편집	최안나
편집	송현주
디자인	studio forb
책임마케팅	최혜령, 박지수, 도우리, 양지환, 송지은, 박주미
마케팅	콘텐츠IP사업본부
해외사업	한승빈, 박고은
전자책	김주리
경영지원	백선희, 권영환, 이기경, 최민선, 강아현
제작	재영 P&B
펴낸이	서현동
펴낸곳	㈜오팬하우스
출판등록	2024년 5월 16일 제2024-000141호
주소	서울특별시 강남구 테헤란로 419, 11층(삼성동, 강남파이낸스플라자)
이메일	info@ofh.co.kr

ISBN 979-11-7577-198-7 (03190)